सुरिन्दर सिंह जोधका

सुरिन्दर सिंह जोधका सामाजिक अध्ययन केन्द्र, जवाहरलाल नेहरू विश्वविद्यालय, नई दिल्ली में समाजशास्त्र के प्रोफ़ेसर हैं। उनकी प्रमुख पुस्तकें हैं—'द ऑक्सफ़ोर्ड हैंडबुक ऑफ़ कास्ट' (ज्यूल्स नॉडेट के साथ सह-सम्पादित), 'द इंडियन विलेज : रूरल लाइव्स इन द 21 सेंचुरी', 'एग्रेरियन चेंजेज़ इन इंडिया' (सं.), 'द इंडियन मिडिल क्लास' (असीम प्रकाश के साथ सह-लेखन), 'कास्ट इन कंटेम्परारी इंडिया' आदि। उन्हें भारतीय सामाजिक विज्ञान अनुसंधान परिषद (ICSSR) के 'अमर्त्य सेन सम्मान' से सम्मानित किया जा चुका है।

ई-मेल : ssjodhka@yahoo.com

जितेन्द्र कुमार

जितेन्द्र कुमार पेशे से पत्रकार व अनुवादक हैं। वह राजनीति, समाज और संस्कृति पर लगातार लिखते रहते हैं। पत्रकारिता के अलावा उन्होंने अरुंधति राय, नन्दिनी सुन्दर, नन्दिनी ओझा, सुरिन्दर सिंह जोधका, सिद्धार्थ वरदराजन और आशुतोष वार्ष्णेय के लेखन का अंग्रेज़ी से हिन्दी में अनुवाद किया है।

ई-मेल : jitenykumar@gmail.com

जाति

बदलते परिप्रेक्ष्य

सुरिन्दर सिंह जोधका

अनुवाद

जितेन्द्र कुमार

राजकमल पेपरबैक्स

मूल कृति *Caste* का हिन्दी अनुवाद

राजकमल पेपरबैक्स में
पहला संस्करण : 2024

राजकमल पेपरबैक्स : उत्कृष्ट साहित्य के जनसुलभ संस्करण

राजकमल प्रकाशन प्रा. लि.
1-बी, नेताजी सुभाष मार्ग, दरियागंज
नई दिल्ली-110 002
द्वारा प्रकाशित

शाखाएँ : अशोक राजपथ, साइंस कॉलेज के सामने, पटना-800 006
पहली मंजिल, दरबारी बिल्डिंग, महात्मा गांधी मार्ग, प्रयागराज-211 001
1, अनमोल सोराबजी सन्तुक लेन, धोबी तलाव, मरीन लाइंस, मुम्बई-400 002

वेबसाइट : www.rajkamalprakashan.com
ई-मेल : info@rajkamalprakashan.com

विकास कंप्यूटर एंड प्रिंटर्स
ट्रॉनिका सिटी-201 102
द्वारा मुद्रित

मूल्य : ₹250

JATI : BADALTE PARIPREKSHYA
by Surinder Singh Jodhka
Translated by Jitendra Kumar

ISBN : 978-93-6086-195-7

प्रस्तावना

हमें जाति की बात क्यों करनी चाहिए? क्या आज जाति वास्तव में किसी के पारिवारिक और व्यक्तिगत जीवन से परे है? यदि हाँ, तो वह किसके लिए और क्यों मायने रखती है? इक्कीसवीं सदी में हमें जाति के बारे में कैसे बात करनी चाहिए? समकालीन भारत में वह कितनी बदली है या अब वह किस रूप में मौजूद है? मौजूदा समय में शहरी समाज और अर्थव्यत्रस्था में जाति के परिचालन के मापदंड (पैरामीटर) क्या हैं? हम उसके संगठन और राजनीति के साथ इनके जुड़ाव को कैसे समझते हैं? क्या जाति आधारित कोटा और आरक्षण समाज में विभाजन को मजबूती देता है? अनौपचारिक क्षेत्र और कॉरपोरेट अर्थव्यवस्था में जाति किस रूप में काम करती है?

देखने में ये सारे सवाल आसान और सीधे लगते हैं। जबकि, भारतीय समाज में तरह-तरह के अनुभवों और बदलावों को देखते हुए इन सत्रालों का उत्तर देना इतना आसान भी नहीं है। इस संक्षिप्त परिचयनुमा पुस्तक में वर्तमान में जाति की पृष्ठभूमि से जुड़े महत्त्वपूर्ण सवालों को वास्तविकता से जोड़ने की कोशिश की गई है। साथ ही, इस विषय पर विभिन्न दृष्टिकोणों को सामने लाने की कोशिश भी की गई है।

हम विभिन्न दृष्टिकोणों से जाति के प्रश्न को देख सकते हैं—रस्म, रीति-रिवाज, परम्परा और यहाँ तक कि धर्म से भी। जाति का 'संक्षिप्त' परिचय मुख्य रूप से असमानता के परिप्रेक्ष्य में जाति की पड़ताल करता है।

असमानता मानव समाज की देशज विशेषता है। दुनिया भर की संस्कृतियों और देशों में समानता, नागरिकता और शासन के लोकतांत्रिक रूपों के आदर्श की बढ़ती स्वीकार्यता के बावजूद, असमानताएँ—चाहे वह नई हों या पुरानी—लगातार बनी हुई हैं और बढ़ती ही जा रही हैं। जातीय, प्रजातीय, लैंगिक या जातीयता से जुड़े असमानता के पुराने रूप वास्तव में समय के साथ भले ही बदल गए हैं, लेकिन समाप्त तो निश्चित रूप से नहीं हुए हैं। इस तरह की प्रथाएँ बड़े-बड़े इनसानों की पहलकदमियों के बावजूद आज भी मौजूद हैं। समकालीन दुनिया में आय, व्यावसायिक प्रतिष्ठा और इसकी विभिन्न अभिव्यक्तियों के द्वारा असमानताओं की नये रूपों में कई गुना बढ़ोतरी देखी गई है। हम विरोधाभासों में जीते हैं। जाति भी एक ऐसा ही विरोधाभास है।

समाजशास्त्रियों ने अक्सर जाति के स्तरीकरण का एक 'बन्द व्यवस्था' के रूप में वर्णन किया है, जहाँ सामाजिक समूहों को सामान्यतया उनके व्यवसाय के आधार पर विभाजित कर दिया जाता है, जहाँ शादी और रिश्तेदारी के बारे में परम्परा द्वारा निर्धारित नियम लागू होते हैं। जाति समूह असमान है, उनके अनुष्ठान की स्थिति के आधार पर पवित्रता से अपवित्रता तक, यह पद के अनुसार निर्धारित किया जाता है। व्यवस्था में उनकी 'स्थिति' या हैसियत यह निर्धारित करती है कि वे किसके साथ बातचीत कर सकते हैं और किसके साथ बातचीत नहीं कर सकते हैं। छुआछूत का विचार और व्यवहार जाति-प्रथा का अभिन्न अंग है।

किसी भी अन्य संस्था या प्रथा की तरह, जाति भी समय के साथ बदलती रही है। जाति के प्रश्न को हम आज कैसे समझ सकते हैं?

अपनी प्रारम्भिक अवधारणाओं के अनुसार, जाति पर समाजशास्त्रियों या अन्य सामाजिक वैज्ञानिकों का कभी एकाधिकार नहीं रहा है। विभिन्न कारणों से, विभिन्न व्यक्तियों ने, सामाजिक वैज्ञानिकों ने, शिक्षाविदों ने इसके बारे में लिखा है या इसमें दिलचस्पी दिखाई है। इससे भी दिलचस्प बात यह है कि शायद ही कभी किसी एक अकादमिक अनुसन्धान द्वारा जाति के प्रश्न को पूरी तरह आकार दिया जा सका हो।

वास्तव में जाति पर कई अन्य सामाजिक प्रक्रियाओं का काफी अधिक महत्त्व रहा है। शास्त्रीय प्राच्यवादी लेखन से लेकर दलित राजनीति और समकालीन लेखन, सामाजिक विज्ञान की विद्वत्ता ने एक-दूसरे को प्रभावित किया है। यहाँ यह नहीं कहा जा सकता है कि जाति पर समकालीन विद्वत्ता ने सिर्फ 'जाति की राजनीति' को चिह्नित किया है। इसलिए इसे रेखांकित करने के लिए यह बताना जरूरी है कि जाति-जैसे गूढ़ विषय पर विशुद्ध अकादमिक शोध करना नामुमकिन है।

आज जाति का प्रश्न इसलिए भी जटिल है क्योंकि यह 'भारतीय आधुनिकता' के प्रश्नों में गहरे अन्तर्निहित है। यह उन शब्दों के जुड़े होने से साफ हो जाता है जिससे जाति को चिह्नित किया जाता है—'परम्परा', 'जन्म', 'रीति', 'अनुष्ठान', 'पिछड़ापन' या 'निवारण'—ये सारे शब्द राजनीतिक प्रभाव उत्पन्न करते हैं। सामान्यतया जाति के विरोध में जिन शब्दों का इस्तेमाल होता है वे हैं—'विकास', 'प्रगति', 'योग्यता' या 'समावेशी' व 'नागरिक'—ये शब्द भी समान रूप से काफी राजनीतिक प्रभाव पैदा करते हैं। आधुनिकता के साथ जाति के सम्बन्ध की यह जटिल प्रवृत्ति आज भी इस विषय पर लेखन और बहसों में विरोधाभास का प्रमुख स्रोत है।

जाति आज भी सबसे महत्त्वपूर्ण धुरी इसलिए बनी हुई है क्योंकि जाति के साथ 'वेस्ट' (पश्चिम) ने भी अपने को जोड़ लिया है। वर्गीकरण लम्बे समय से हमारे उप-महाद्वीप में मौजूद रहा है। वैसे अब हम जिसे जाति कहते हैं, उसका इस्तेमाल पहले भी पश्चिमी देशों के यात्रियों द्वारा किया जाता रहा है। यहाँ तक कि 'जाति' शब्द का उद्गम पुर्तगाली नाविकों के लेखन में भी हुआ है जो व्यापार के लिए सबसे पहले भारत के पश्चिमी तट पर पहुँचे थे। बाद के प्राच्यविदों और ब्रिटिश औपनिवेशिक प्रशासकों ने जाति-व्यवस्था के 'सिद्धान्तों' को विकसित किया, जिससे उन्हें भारत का बोध कराने में मदद मिली और उन्होंने इसे अपने मानव-विकास के दृष्टिकोण से विकसित भी किया। ये लेखन बाद के समाजशास्त्रीय और सामाजिक मानवशास्त्रीय अवधारणा को आकार देने में बेहद प्रभावकारी साबित हुए।

जाति-प्रथा और भारतीय समाज के बारे में इन सिद्धान्तों ने भी भारतीय परम्परा की राष्ट्रवादी कल्पनाओं को आकार देने में महत्त्वपूर्ण भूमिका निभाई जो वर्षों बाद भारत का मूलतत्त्व बनी।

1950 के दशक से, लोकतांत्रिक राजनीति के आर्थिक विकास और संस्थाकरण की प्रक्रिया ने जाति के संस्थागत चरित्र सहित भारतीय समाज के लगभग सभी पहलुओं को बदल दिया है। हालाँकि, जाति की हकीकत निश्चित रूप से समाप्त नहीं हुई है। यद्यपि कुछ मामलों में जाति समूहों ने 'जाति संघों' और राजनीतिक समीकरणों के रूप में खुद को जोड़ लिया है, लेकिन उसे ऊँच-नीच और असमानता के रूप में अलग-अलग तरीकों से आज भी पेश किया जाता है। दूसरे शब्दों में, जाति जीवित है और कुलाँचे मार रही है, वह न केवल पहचान के रूप में मौजूद है बल्कि कहीं विशेषाधिकार के रूप में है, तो कहीं नुकसान के रूप में भी। जाति के बारे में कई लोगों का यह भी तर्क है कि इसकी उपस्थिति समाप्त होने की बजाय सार्वजनिक रूप से लगातार बढ़ी है।

जाति, शोध के लिए बहुत ही महत्त्वपूर्ण और रुचिकर विषय बन गया है। समाजशास्त्रियों और सामाजिक नृविज्ञानियों के अलावा, इतिहासकार, राजनीतिशास्त्री, अर्थशास्त्री और यहाँ तक कि रचनात्मक लेखकों ने भी जाति के विभिन्न आयामों पर बहुत कुछ लिखा है। वे विभिन्न प्रकार के वैचारिक ढाँचे और राजनीतिक संवेदना से इस विषय पर काम करते रहे हैं। इन वर्षों में, जाति लोकतांत्रिक राजनीतिक प्रक्रिया का महत्त्वपूर्ण कारक बनकर उभरी है। सरकार की आरक्षण की नीति और समुदायों की राजनीतिक लामबन्दी ने समकालीन भारत में जाति के मूल्य को पूरी तरह बदलकर रख दिया है। आज जाति न सिर्फ विकासात्मक राज्य के लिए सार्वजनिक नीति (पब्लिक पॉलिसी) का एक महत्त्वपूर्ण तत्त्व हो गई है, बल्कि उन वैश्विक वित्त पोषण एजेंसियों और नागरिक समाज (सिविल सोसाइटी) समूहों के लिए भी महत्त्वपूर्ण कारक बन गई है जो गरीबी उन्मूलन के लिए काम कर रहे हैं।

यह 'लघु' परिचय समकालीन भारत में जाति के विविध और बहुआयामी क्षेत्रों का अन्वेषण करता है। हालाँकि जाति पर मौजूद साहित्य को देखकर ही इसे लिखा गया है, लेकिन इसका अर्थ यह कतई नहीं है कि यह पुस्तक सिर्फ मौजूदा साहित्य की समीक्षा या शोध के रुझानों का विश्लेषण भर है। इस किताब में सामाजिक विज्ञान के बदलते दृष्टिकोण और अर्थों का विश्लेषण है कि पिछले सौ साल या उससे अधिक वर्षों में जाति को लेकर क्या और कितना कुछ बदला है। मैंने विषय को सरलीकृत किये बिना बहस को सरल और सुलभ भाषा में पेश करने की कोशिश की है। जाति-जैसे गम्भीर विषय पर कई तरह के परस्पर विरोधी दृष्टिकोणों को समेटने का प्रयास करना भी शायद बहुत विवेकशील काम नहीं माना जाता है।

—सुरिन्दर सिंह जोधका

क्रम

तालिका

पारम्परिक अवधारणा

> [19वीं सदी के अन्तिम वर्षों के जनगणना कार्यों की निगरानी करते हुए] ...भारत के जनगणना आयुक्त ने बंगाल के बारे में शिकायत की कि उपेक्षित वर्गों को 'जाति' क्या होती है, इस बारे में बहुत कम जानकारी है। वे अपने पेशे या अपनी उपजाति या नस्ल या फिर उस पहचान (टाइटल) को ही बनाए रखना चाहते हैं जो उनके साथी ग्रामीणों ने दी है। लेकिन 20वीं सदी में एक के बाद एक हुई जनगणना और अत्यधिक खोजबीन ने लोगों के लिए जाति की पहचान को जरूरत बना दिया। कई इस मामले के जानकार बन गए। (चार्ल्स 1966 : 3)

'जाति' शब्द का इस्तेमाल एक सामाजिक रिश्ते को परिभाषित करने के लिए किया गया। एक ऐसा रिश्ता जो विशेष रूप से भारतीयों के सम्बन्ध में है और सम्भवत: यही चीज पारम्परिक भारतीय समाज को पश्चिम से अलग करती है, जो किसी भी रूप में भारतीय मूल के नहीं हैं।

जैसा कि अच्छी तरह पता है कि जाति को 'कास्ट' का पर्यायवाची माना जाता है लेकिन ऐतिहासिक सचाई यह है कि 'कास्ट' शब्द पश्चिमी सभ्यता से निकला है, हालाँकि 'जाति' पूरी तरह भारतीय शब्द है और जाति व्यवस्था सदियों से भारत की सचाई रही है। इतिहासकारों ने इस शाब्दिक विषय, इसकी उत्पत्ति और इसके प्रचलन पर काफी कुछ लिखा है।

'कास्ट' शब्द स्पेनिश शब्द 'कास्टा' से आया है, जिसका मतलब होता है 'नस्ल'। 15वीं सदी में व्यापार के लिए पुर्तगाली समुद्री व्यापारी भारत के पश्चिम तट पर आए, तभी इस शब्द का इस्तेमाल भारतीय सन्दर्भ में किया गया। वैसे अधिकतर लोग यही जानते हैं कि जाति हिन्दुओं की एक प्राचीन संस्था है, जिसका आधार वर्ण, कर्म और धर्म है। इसका जिक्र 'मनुस्मृति' में किया गया है। इन्हीं विचारों के आधार पर एक वर्गीकृत समाज बना, जिसकी संरचना पवित्रता और अपवित्रता के घेरे में थी। वर्णव्यवस्था ने हिन्दुओं को पारस्परिक रूप से चार विशेष वर्गों—ब्राह्मण, क्षत्रिय, वैश्य और शूद्र में बाँट दिया। अछूत इस चार वर्णों से अलग थे। ये चार या पाँच वर्ग हैसियत के पदानुक्रम में अलग-अलग दर्जा रखते हैं। इसमें ब्राह्मण सबसे ऊपर होते हैं। इसके बाद उपरोक्त क्रम के अनुसार तीन वर्ण होते हैं। अछूत सबसे निचले पायदान पर होते हैं।

इस 'टेक्स्ट बुक' के हिसाब से जाति पूरे भारत में पाई जाने वाली व्यवस्था है। क्षेत्रों के हिसाब से इसमें मामूली या फिर बिलकुल नहीं के बराबर फेरबदल देखा जाता है। यह सदियों बाद यानी प्राचीन काल में उत्पत्ति से लेकर ब्रिटिश औपनिवेशिक शासन तक जस-की-तस बनी रही। ब्रिटिश औपनिवेशिक काल में मौलिक रूप से एक अलग सामाजिक और आर्थिक व्यवस्था शुरू किये जाने के बावजूद इसमें बदलाव नहीं आया।

औपनिवेशिक काल के दौरान पश्चिमीकरण/आधुनिकीकरण की प्रक्रिया आगे बढ़ी थी। इसमें 1947 में स्वतंत्रता प्राप्त होने के बाद तेजी आई। इसी पश्चिमीकरण/आधुनिकीकरण, धर्मनिरपेक्ष शिक्षा के प्रसार और शहरी संस्कृति के बढ़ते प्रभाव के कारण जाति-व्यवस्था थोड़ी कमजोर हुई। अब यह कहा जाता है कि जाति-व्यवस्था करीब-करीब खत्म हो गई होती, अगर धूर्त राजनेता अपने संकीर्ण राजनीतिक और चुनावी लाभ के लिए आम लोगों की सदियों पुरानी भावनाओं को नहीं भड़काते।

हालाँकि, जाति-व्यवस्था को लेकर एक विपरीत दृष्टिकोण भी समान रूप से लोकप्रिय है। कई लोग, जिन्होंने इन्हीं स्रोतों से जाति के बारे में अपनी

समझ विकसित की है, वे इस तथ्य पर बहस करेंगे कि जाति किसी-न-किसी रूप में मौजूद है। वहीं कुछ लोग ऐसे हैं जो यह मानते हैं कि मौजूदा भारत में यह स्थापित करने के लिए पर्याप्त तथ्य मौजूद हैं, जिससे पता चलता है कि एक हिन्दू मानसिकता में कुछ भी सार्थक बदलाव नहीं हुआ है। भारत के आधुनिकीकरण या विकास से जुड़ीं प्रक्रियाएँ, लोकतांत्रिक शासन और धर्मनिरपेक्षता सभी सतही या दिखावटी हैं।

जाति, असमानता और सामाजिक बहिष्कार जैसी चीजें वास्तविक सच्चाइयाँ हैं जो काफी हद तक मौजूद हैं। निश्चित तौर पर ये सभी एक जटिल वास्तविकता के बारे में बेहद सरल दृष्टिकोण है। जाति के बारे में वास्तविक अनुभव और सामाजिक विज्ञान के क्षेत्र में बड़े पैमाने पर हुए अनुसन्धान समकालीन भारत में इस नये रूप में जाति-व्यवस्था के उभार और सामाजिक परिवर्तन के तरीके को विरोधाभाषी बताते हैं। समस्या की शुरुआत शास्त्रीय सूत्रीकरण की धारणाओं पर जोर डालने से होती है। पहला, जैसा कि विचारधारा वास्तव में जाति का एक अहम तत्त्व है, लेकिन वहीं जाति का जीवन धार्मिक विश्वास से परे हो जाता है। जाति की अहमियत, अगर अधिक नहीं तो कम-से-कम उतनी जरूर महत्त्वपूर्ण है, जितनी उसकी विचारधारा। ऐसे में एक धार्मिक परम्परा का परिणाम बताकर इसे खत्म या कम करना बहुत कठिन है।

सामान्य तौर पर ऐसा देखा जाता है कि भारतीय उप-महाद्वीप में और इससे बाहर रहने वाले अन्य धर्मों के लोगों जैसे—मुसलमानों, ईसाइयों, सिखों और यहाँ तक कि बौद्धों में भी जाति-जैसा बँटवारा मौजूद है। जाति का अन्य सामाजिक, आर्थिक और राजनीतिक व्यवस्थाओं, जैसे—नातेदारी-रिश्तेदारी, सत्ता शासन और श्रम सम्बन्ध के साथ घनिष्ठ सम्बन्ध है। भविष्य में जिस रूप में अन्य सामाजिक संस्थाओं और वैचारिक व्यवस्थाओं में बदलाव होगा वैसा ही बदलाव बड़े सामाजिक और आर्थिक ढाँचे में परिवर्तन के साथ जाति के बारे में आएगा।

दूसरा, इस उप-महाद्वीप की कुछ विशेषताओं में समानता के बावजूद, यहाँ के अलग-अलग क्षेत्रों में जाति की प्रकृति और व्यवहार में काफी अन्तर है।

क्षेत्रीय इतिहास और सामाजिक जीवन में बदलाव की अन्य प्रक्रियाओं ने जाति की जमीनी हकीकत को आकार दिया है। तीसरा, जाति भी हमेशा से एक लड़ाई वाली संस्था रही है। उप-महाद्वीप में पश्चिमी आधुनिकता के आने से पहले विभिन्न धार्मिक और धर्मनिरपेक्ष आन्दोलनों ने जाति के वैचारिक आधार पर सवाल उठाए। हालाँकि, इन स्पष्ट और मशहूर तथ्यों के बावजूद जाति की लोकप्रिय धारणा अब भी व्याप्त है।

ऐसा क्यों हुआ? जाति के बारे में यह दृष्टिकोण कैसे विकसित हुआ? वह कौन-सी चीज थी जिसने एक विशेष सिद्धान्त को इतना प्रभावशाली बना दिया कि वह जाति के बारे में एक सामान्य अवधारणा बन गई। हम इस अध्याय की शुरुआत में भारतीय समाज की शुरुआती अवधारणाओं एवं सिद्धान्तों और भारतीय राष्ट्रवादियों की सोच पर इसके प्रभाव को देखेंगे। इन्हीं राष्ट्रवादियों की सोच ने 'भारत की अवधारणा' (The idea of India) बनाने (जिस रूप में आज हम इसे समझते हैं) को प्रभावित किया।

'भारत की अवधारणा' में एक महत्त्वपूर्ण तत्त्व 'भारतीय परम्परा' का भाव है। वैसे तो इसके कई तत्त्व वास्तव में अतीत से आए हैं, लेकिन 'भारतीय परम्परा' निश्चित रूप से काफी बाद में बुनी गई चीज है। भारतीय परम्परा के इस भाव के केन्द्र में जाति और हिन्दुत्व के बारे में एक खास दृष्टिकोण है, जिसका निर्माण 19वीं सदी के दौरान और 20वीं सदी के शुरुआत में भारतीय सभ्यता, औपनिवेशिक प्रशासनिक रिपोर्टों और राष्ट्रवादी कल्पनाओं (सामाजिक और धार्मिक सुधार आन्दोलनों सहित) के बारे में वैचारिक लेखनों के आधार पर किया गया।

'भारतीय परम्परा' के रूप में जाति की धारणाएँ

वर्ण, जाति या जात और इसी तरह के कई अन्य शब्द दक्षिण एशिया के विभिन्न हिस्सों में काफी लम्बे समय से इस्तेमाल होते रहे हैं। ये शब्द अलग-अलग तरह के प्रचलित सामाजिक बँटवारे और हैसियत एवं वर्ग के पदानुक्रम की चर्चा करते हैं।

ये सही मायने में अस्पृश्यता या मलिनता के चलन और विचार को शामिल करते हैं। हालाँकि, जाति के बारे में आधुनिक सिद्धान्तों का इतिहास भारतीय सभ्यता से औपनिवेशिक टकराव के साथ शुरू होता है।

जैसा कि पहले चर्चा की गई है, जाति शब्द, स्पेनिश भाषा के शब्द 'कास्टा' का अंग्रेजी अनुवाद है। इसका सबसे पहले इस्तेमाल पुर्तगाली समुद्री व्यापारियों ने भारत के सन्दर्भ में किया था। जब विभिन्न कारणों से यूरोप के अन्य लोग भारत की तरफ आकर्षित हुए तो उन्होंने पुर्तगालियों का अनुकरण किया। ब्रिटिश इनमें से सबसे अहम साबित हुए। वे न केवल सफल उपनिवेशवादी थे बल्कि उन्होंने भारतीय लोगों के सामाजिक और सांस्कृतिक जीवन पर गहरी छाप भी छोड़ी। औपनिवेशिक शासकों के लिए भारतीय सामाजिक व्यवस्था का ऐसा सैद्धान्तीकरण केवल एक अकादमिक काम नहीं था। इससे उनको बेहद जटिल दिखने वाली इस चीज को समझने में आसानी हुई। जैसा कि शर्मा ने बताया है—

> उन्होंने जाति पदानुक्रम के बारे में अपनी इस समझ का इस्तेमाल अपनी प्रशारानिक व्यवस्था में किया, ताकि वे मूल समुदायों का वर्गीकरण कर सकें और उनके गुण और विशेषता की पहचान कर सकें। ब्रिटिशों ने जाति की मौजूदगी को बहुत गम्भीरता से लिया। भारत में नियमित जनगणना, पूरी आबादी को जाति के आधार पर बाँटने की एक कोशिश थी। उनका मानना था कि हर भारतीय किसी-न-किसी जाति से सम्बद्ध है और ये ही जातियाँ वास्तविक रूप में पहचान किये जाने वाले समूह थीं। इसके परिणामस्वरूप जाति के बारे में इस वास्तवीकरण ने इसे और अधिक वास्तविक एवं कठोर बना दिया...। (2002 : 8)

जाति के बारे में पश्चिमी विचार बनने में काफी समय लगा। इसमें प्राच्यवादी, मिशनरी और औपनिवेशिक प्रशासक के लेखन ने अलग-अलग तरीके से योगदान दिया।

प्राच्यवादी यह मानते हैं कि भारतीय समाज को समझने का सबसे अच्छा तरीका हिन्दुत्व से जुड़े शास्त्रीय ग्रंथों को पढ़ना है। उन्होंने संस्कृत सीखी और 'पंडितों और शास्त्रियों' के साथ मिलकर इन ग्रंथों को समझा। प्राच्यवादियों ने जाति-व्यवस्था के बारे में अपेक्षाकृत सबसे सहज विचार व्यक्त किये। उन्होंने 'वर्ण' के विचार को मूल आधार बताते हुए जाति को एक पदानुक्रमिक व्यवस्था के रूप में सिद्धान्तबद्ध किया। इस वर्णव्यवस्था के पदानुक्रम में सबसे ऊपर ब्राह्मण को बताया गया। इसके बाद क्षत्रिय, वैश्य और शूद्र का स्थान था। इस औपचारिक पदानुक्रम से अछूत बाहर थे, लेकिन उनकी भी हैसियत इस पदानुक्रम की व्यवस्था से तय होती थी। पदानुक्रम की यह व्यवस्था शुद्धता और अशुद्धता के तर्क से ली गई थी।

जैसा कि कोहन ठीक ही कहते हैं कि भारत के बारे में ऐसी किताबी या ग्रंथीय समझ, अपने आप में कई तरह के पूर्वग्रहों से ग्रसित है। समाज के बारे में इस ग्रंथीय विचार की स्वीकार्यता से भारतीय समाज की एक तसवीर सामने आती है जो स्थिर, टाइमलेस और स्पेशलेस है। ईसा पूर्व तीसरी शताब्दी के लेखन से ली गई परम्परा और 18वीं सदी के अन्तिम दशकों के अवलोकन, भारत में समाज और संस्कृति की प्रकृति को तय करने में बराबर के अच्छे साक्ष्य हैं। भारतीय समाज को लेकर इस विचार के अनुसार, कोई क्षेत्रीय उतार-चढ़ाव नहीं था और न ही इन ग्रंथों से लिये गए आदेशात्मक-निर्देशात्मक विचारों और व्यक्ति या समूह के वास्तविक व्यवहार के बीच किसी सम्बद्ध का सवाल था। भारतीय समाज को सिद्धान्तों के समूह के रूप में देखा जाता था, जिसका पालन हर हिन्दू करता था। (1968 : 7-8)

हालाँकि, भारतीय समाज की जमीनी हकीकत जाति-व्यवस्था के वर्ण मॉडल से आसानी से मेल नहीं खाती थी। इस कारण औपनिवेशिक प्रशासकों को पदानुक्रम की व्यवस्था के बारे में अपनी समझ को संशोधित करना पड़ा। जैसे-जैसे उनके शासन का विस्तार हुआ और वे भारत के अलग-अलग हिस्सों में पहुँचे, तो उन्हें विविधता का सामना करना पड़ा। यह तब और स्पष्ट हो गया जब उन्होंने आबादी की जनगणना के लिए भारतीयों को जाति

के आधार पर वर्गीकृत करना शुरू किया। वर्णव्यवस्था पदानुक्रम के ढाँचे तक ही कारगर थी। जाति की जमीनी हकीकत काफी विविधतापूर्ण थी और उसका एक सामान्य मॉडल में फिट बैठना काफी जटिल था। इस कारण वर्ण के विचार को जाति (यानी वास्तविक सामाजिक यूनिट या ठोस अन्तर्विवाही सामाजिक समूह) से अलग करना पड़ा। वर्णव्यवस्था (जो सम्भवतः पूरे भारत में पाई जाती थी) के उलट जाति की एक क्षेत्रीय विशेषता थी। हर क्षेत्र में जातियों और उसकी उप-जातियों की बड़ी संख्या थी। ये कहीं 200-300 या इससे भी अधिक थीं। क्षेत्र के हिसाब से उनके नाम और उनके साथ जुड़े पारस्परिक सामाजिक सम्बन्ध भी अलग-अलग थे। इन विभेदों को स्वीकार करने के बावजूद औपनिवेशिक शासन ने जाति को पदानुक्रम की एक एकीकृत व्यवस्था के रूप में स्वीकार करना जारी रखा। उन्होंने ऐसा पूरे उप-महाद्वीप में जाति को लेकर मौजूद कुछ सामान्य विशेषताओं को देखते हुए किया। यहाँ कोहन का जिक्र करना ठीक होगा कि—

> भारत को जातियों के एक समूह के रूप में देखा गया; भले ही किसी खास स्थान या समय में यह खास तसवीर अलग थी, लेकिन भारत अपने हिस्सों का जोड़ था और ये हिस्से जाति थे। (कोहन 1968 : 16)

इसी तरह निकोलस डर्क का कहना है कि औपनिवेशिक सत्ता ने व्यापक स्तर पर जाति को 'नागरिक समाज' का 'एक स्थानीय स्वरूप' (जो भारत की 'राजनीतिक कमजोरी' के लिए जिम्मेवार थी) और इस पर अत्यधिक धार्मिक कब्जे के लक्षण के रूप में देखा। (डर्क 2001 : 40) उन्होंने दावा किया कि 1885 तक सामान्य तौर पर यह मान लिया गया कि जाति भारतीय समाज की मूल वास्तविकता है, हिन्दुत्व (जैसा कि हिन्दुत्व ऐसा ही था) और एक सभ्यता क्षेत्र के रूप में भारतीय उप-महाद्वीप, दोनों इसके मूल थे। (वही, 41)

जाति के बारे में इस औपनिवेशिक दृष्टिकोण से पश्चिमी विद्वानों का एक वर्ग बेहद प्रभावित रहा। इन्होंने जाति को सामाजिक सम्बन्धों की एक

विशिष्ट व्यवस्था के रूप में प्रस्तुत करने का प्रयास किया। उनमें से कुछ ने जाति-व्यवस्था के बारे में व्याख्यात्मक सिद्धान्त देने की कोशिश में भारत पर प्राच्यवादी लेखन और औपनिवेशिक अधिकारियों की प्रशासनिक रिपोर्टों का भरपूर इस्तेमाल किया। ऐसा भी देखा गया कि जाति के बारे में औपनिवेशिक प्रशासनिक दृष्टिकोण और भारतीय समाज पर शोध में घालमेल है। उदाहरण के लिए, भारत में अपना प्रशासनिक करियर पूरा करने के बाद जेएच हटन ने कैम्ब्रिज विश्वविद्यालय में पढ़ाने का काम किया और 'भारत में जाति' (1946) नामक किताब लिखी।

प्राच्यवादी और औपनिवेशिक प्रशासकों की एक प्रमुख चिन्ता भारत में जाति-व्यवस्था की उत्पत्ति की पहचान करना था। उन्होंने हिन्दू धर्म में जाति-व्यवस्थाके सम्भावित स्पष्टीकरण पर अनुमान लगाया। उन्होंने जानना चाहा कि प्राचीन काल में आर्यों के आने के बाद हुआ नस्लीय मिश्रण या फिर सामान्य विकासवादी प्रक्रियाएँ और श्रम के बँटवारे से जाति की उत्पत्ति हुई। कुछ भारतीय विद्वानों ने भी इसी तरह की बात लिखी थी। उदाहरण के लिए, जीएस घूर्ये ने हिन्दू जाति-व्यवस्था (समाज का खंडयुक्त विभाजन) की छह प्रमुख विशेषताओं की पहचान की। जातियाँ समूह थीं, जिनकी स्वयं द्वारा विकसित जीवन शैली थी।

समूहों की सदस्यता का निर्धारण : समूहों की सदस्यता का निर्धारण जन्म से होता था, न कि पसन्द से। किसी व्यक्ति की हैसियत इससे तय नहीं होती थी कि उसके पास कितना धन है, बल्कि उसकी जाति हिन्दू समाज में किस पायदान पर है, उससे तय होती थी।

पदानुक्रम : जातियों के बीच सामाजिक वरीयता की एक निश्चित योजना थी। पदानुक्रम के समग्र ढाँचे में प्रत्येक समूह को एक विशिष्ट हैसियत प्राप्त थी।

सामाजिक मेलजोल पर प्रतिबन्ध : हिन्दू समाज में सामाजिक सम्बन्धों के बारे में स्पष्ट नियम थे। उदाहरण के लिए, एक जाति के सदस्य किस प्रकार के भोजन या पेय पदार्थ दूसरी जाति के सदस्य से स्वीकार कर सकते हैं, इस बारे में स्पष्ट नियम थे।

नागरिक और धार्मिक अपात्रता और विशेषाधिकार : गाँव में खास जातियों या जातियों के समूहों का अलग-अलग रहना नागरिक विशेषाधिकारों और अपात्रता का सबसे स्पष्ट निशान था। कुछ संस्कार ब्राह्मणों के अलावा कोई अन्य जाति नहीं कर सकती थी। इसी तरह, शूद्रों और अन्य निचली जातियों को पवित्र ग्रंथों को पढ़ने या सीखने की अनुमति नहीं थी।

व्यवसाय का सीमित विकल्प : आमतौर पर प्रत्येक जाति के लिए एक विशेष व्यवसाय करना ही वैध माना जाता था। वंशानुगत व्यवसाय या पेशा छोड़कर दूसरा अपनाना, भले ही वह ज्यादा आकर्षक हो, सही नहीं माना जाता था।

शादी पर प्रतिबन्ध : जाति समूहों में सख्त सगोत्र विवाह का पालन किया जाता था। एक जाति समूह के सदस्य केवल अपनी जाति के भीतर ही विवाह करते थे। हालाँकि, कुछ अपवाद भी थे। भारत के कुछ क्षेत्रों में उच्च-जाति का मर्द एक निम्न-जाति की महिला से विवाह कर सकता था। इस शादी को नाते-रिश्तेदारी के अध्ययन में अनुलोम विवाह कहा जाता है।

पश्चिमी समाजशास्त्रीय लेखन में भी जाति की चर्चा है। उदाहरण के लिए प्रसिद्ध जर्मन समाजशास्त्री मैक्स वेबर ने भारतीय जाति-व्यवस्था को एक चरम 'हैसियत समूह' के रूप में देखा जो उन सभी समाजों में मौजूद थी जहाँ बाजार या पूँजीवादी सम्बन्ध अभी तक विकसित नहीं हुए थे। उन्होंने जिसे 'हैसियत समूह' बताया था, उनके अनुसार, वे जातीय समुदायों की तरह थे जो बाहरी लोगों के लिए पूरी तरह से बन्द थे और 'सम्मान के सामाजिक आकलन' के कुछ रूप को साझा कर रहे थे। समूह के भीतर जन्म (एक जातीय समूह की तरह) से एक जाति समूह की सदस्यता निर्धारित हुई। हालाँकि, अन्य जातीय समुदायों के विपरीत जातियाँ पदानुक्रमित थीं और पदानुक्रम में जो लोग नीचे थे उनको भी यह पदानुक्रम स्वीकार्य था। वैसे तो वेबर ने जाति की कठोरता और अपरिवर्तनीय प्रकृति के बारे में 'प्राच्यवादी' दृष्टिकोण को स्वीकार किया, लेकिन उन्होंने यह नहीं माना कि जाति जैसी अजीब हैसियत समूहों की उपस्थिति भारत या हिन्दुओं (गर्थ और मिल्स 1948, 189; शर्मा 2002 : 12) तक सीमित थी, बल्कि जाति हैसियत पदानुक्रम का एक चरम रूप हो सकती है।

हालाँकि एक फ्रांसीसी विद्वान सेलेस्टिन बॉगल (Celestin Bougle) ने लिखा है कि हम जाति-व्यवस्था के एक व्यवस्थित सिद्धान्त की शुरुआत देख सकते हैं जो अपने तर्कों का सार औपनिवेशिक और प्राच्यविदों के लेखन से निकालता है। बॉगल के लिए, जाति वास्तव में असमानता की एक प्रणाली थी। यह पूरी तरह से हिन्दुओं के बीच विकसित हुई, लेकिन इसके बावजूद यह भारत के लिए अजीब नहीं थी। यह उन तत्त्वों के संश्लेषण से अधिक नहीं है जो हर जगह मौजूद हैं। (बॉगल 1958 : 30)

उन्होंने जाति बनाने वाले तीन मुख्य तत्त्वों—वंशानुगत विशेषज्ञता, पदानुक्रम और प्रतिकर्षण की पहचान की। जाति समाज में 'एक लोहार का पुत्र एक लोहार होगा, जैसे एक योद्धा का पुत्र एक योद्धा होगा', इसके अलावा, जाति शब्द हमें न केवल वंशानुगत रूप से प्राप्त कार्य बल्कि असमान रूप से विभाजित अधिकारों के बारे में भी सोचने पर मजबूर करता है। ऐसे में जाति केवल एक एकाधिकार नहीं, बल्कि विशेषाधिकार भी है। जन्म के आधार पर एक व्यक्ति भारी करों का भुगतान करने के लिए बाध्य है, जबकि दूसरा उससे बच जाता है। न्याय की दृष्टि में यह आदमी सोने के सौ टुकड़ों जितना कीमती है और वह केवल पचास है। (वही, 8-9)

सम्भवतः जाति की सबसे अहम और सूक्ष्म विशेषता यह तीसरा है : जब हम 'जाति की भावना' का इस्तेमाल करते हैं, तो हमारा मतलब अलग-अलग समूह से होता है जो एक-दूसरे को आकर्षित करने की बजाय एक-दूसरे को दूर करते हैं। ये खुद को दूर करते हैं यानी वे खुद को अलग-थलग करते हैं, वे अपने सदस्यों को दूसरे के सम्पर्क में आने से रोकते हैं। यहाँ तक कि ये पड़ोसी समूहों के साथ सम्पर्क बनाने से रोकने के लिए हर सम्भव प्रयास करते हैं। यह उस समाज को खंडित करने के लिए है जिनमें यह खुद प्रवेश करता है; यह उन्हें विरोधियों की तुलना में कहीं ज्यादा टुकड़ों में विभाजित करता है...ये आपसी विकर्षण के कारण अलग-अलग हुए प्रत्येक तत्त्व समूहों को आमने-सामने ला देते हैं। (वही, 9)

इस प्रकार, एक जाति-आधारित समाज की परिभाषा (जिसके बारे में बॉगल ने तर्क दिया) है—यह एक बड़ी संख्या में परस्पर विरोधी समूहों में विभाजित है जो वंशानुगत रूप से विशिष्ट और पदानुक्रमित रूप से व्यवस्थित है। सेलेस्टिन बॉगल और मैक्स वेबर दोनों का मानना है कि भारत में जाति का सबसे शुद्ध 'रूप' पाया जाता है, लेकिन यह विशेष रूप से एक भारतीय संस्था नहीं थी। हालाँकि, दोनों ने इस बात को भी रेखांकित किया कि जाति केवल वर्ग अन्तर की अभिव्यक्ति नहीं थी। इसके मूल तत्त्व सांस्कृतिक परम्परा (सम्मान और प्रतिकर्षण) और विशिष्ट संस्थागत व्यवस्था (वंशानुगत व्यवसाय और पदानुक्रम) से प्राप्त हुए थे।

लुईस ड्यूमॉन्ट और जाति के बारे में किताबी विचार

कुछ समय बाद एक अन्य फ्रांसीसी विद्वान लुईस ड्यूमॉन्ट ने बॉगल के सिद्धान्त को एक चरम नजरिये तक बढ़ाया जो जाति को एक अजीब हिन्दू परम्परा के रूप में देखते थे। उन्होंने भारतीय संस्कृति को पश्चिमी समाज से बिलकुल अलग बताया। उन्होंने कहा कि पश्चिम व्यक्तिवाद और समानता के विचारों पर आधारित एक आधुनिक समाज था, जबकि भारत में एक पारम्परिक संस्कृति थी। भारत जैसे पारम्परिक समाज की सामाजिक संरचनाओं ने बहुत अलग सिद्धान्तों पर काम किया। इसका 'समग्रता' और साकल्यवाद के दृष्टिकोण या तरीकों से अध्ययन किया जाना चाहिए। पारम्परिक जाति समाज ने 'समग्रता' को, जबकि पश्चिम के आधुनिक समाज ने व्यक्ति को महत्त्व दिया। पश्चिम के आधुनिक समाजों के विपरीत व्यक्तियों के बीच 'समानता' का विचार भारतीय संस्कृति की संरचनात्मक विशेषता नहीं थी। हिन्दू सोच का सम्बन्ध सामाजिक विभेद और असमानता को बनाए रखने से था। (जैसा कि होमो हिअरार्किकस में है)।

प्राच्यविदों के बाद ड्यूमॉन्ट ने भी जाति-व्यवस्था की अन्तर्निहित वैचारिक संरचना को समझने के लिए शास्त्रीय हिन्दू धर्मग्रंथों का उल्लेख किया।

ड्यूमॉन्ट के लिए जाति की विचारधारा में मूल तत्त्व पदानुक्रम था। ड्यूमॉन्ट ने तर्क दिया कि जातियों ने हमें पदानुक्रम के बुनियादी सामाजिक सिद्धान्त सिखाए। जाति की प्राचीन और धार्मिक प्रकृति को रेखांकित करते हुए उन्होंने तर्क दिया कि ईसा से आठ शताब्दी पहले हिन्दुओं ने सत्ता और पदानुक्रम हैसियत के बीच एक स्पष्ट अन्तर स्थापित किया था। पदानुक्रम जाति का मूल तत्त्व था। आधुनिक पश्चिम के समाज की समझ के उलट जाति-व्यवस्था में असमानता का विचार, केवल 'समानता' के खिलाफ विचार नहीं था। जाति-व्यवस्था एक विशेष प्रकार की असमानता का प्रतिनिधित्व करती है। यानी पदानुक्रम का आशय स्वाभाविक असमानता से है, जिसे हिन्दू धार्मिक विश्वास में वैध माना गया है।

इस तरह जाति-व्यवस्था 'विचारों और मूल्यों की व्यवस्था से ऊपर थी' और इसे भौतिक दुनिया के राजनीतिक और आर्थिक सम्बन्धों के विस्तार के रूप में नहीं माना जाना चाहिए। दूसरे शब्दों में, जिस तरह से मार्क्सवादी सिद्धान्तों में व्याख्या की गई है, उसके अनुसार उनके लिए विचारधारा एक अवशिष्ट श्रेणी नहीं थी, बल्कि वह जटिल रचना का एक हिस्सा थी। इस फ्रेमवर्क में विचारधारा एक स्वायत्त क्षेत्र है और इसे किसी अन्य कारक तक कम नहीं किया जा सकता या इसे दोयम राजनीतिक-आर्थिक कारक नहीं माना जा सकता।

यद्यपि, ड्यूमॉन्ट ने जाति को सिद्धान्तबद्ध करने में बॉगल के योगदान और इस व्यवस्था की तीन प्रमुख विशेषताओं की पहचान करने की उनकी क्षमता को स्वीकार किया, लेकिन इसे वह कमतर मानते हैं। इस व्यवस्था की एक उचित सैद्धान्तिक व्याख्या के लिए उन्होंने तर्क दिया कि हमें एक सामान्य (कॉमन) तत्त्व की पहचान करने में सक्षम होना चाहिए। एक ऐसा 'एकल सत्य सिद्धान्त', जिससे कि बॉगल द्वारा सुझाई गई जाति-व्यवस्था की तीन विशेषताओं को कम किया जा सके। ड्यूमॉन्ट ने सुझाया कि यह सिद्धान्त 'शुद्ध और अशुद्ध के विपरीत' था। पदानुक्रम, अशुद्ध की तुलना में शुद्ध को श्रेष्ठ बताता है। यही पदानुक्रम ड्यूमॉन्ट के जाति-व्यवस्था के मॉडल में सबसे अहम तत्त्व था। जैसा कि ड्यूमॉन्ट लिखते हैं—

> यह विरोध अशुद्ध पर शुद्ध को श्रेष्ठ बताने वाले पदानुक्रम को रेखांकित करता है। यह अलगाव को रेखांकित करता है, क्योंकि शुद्ध और अशुद्ध को एकदम से अलग रखना था। यह श्रम के विभाजन को रेखांकित करता है क्योंकि शुद्ध और अशुद्ध व्यवसायों को एकदम से अलग रखा जाना चाहिए। यह पूरी तरह से दो विपरीत चीजों की आवश्यक और पदानुक्रमित सह-अस्तित्व पर आधारित है। (1998 : 43)

ड्यूमॉन्ट के लिए शुद्ध और अशुद्ध का विरोध, जाति की विचारधारा में अन्तर्निहित संरचनात्मक तर्क था जो पदानुक्रम के सिद्धान्त के आधार पर एक समाज में बदल गया था। इसके बाद वह तर्क देते हैं कि जाति पदानुक्रम की प्रणाली के दो छोर में से एक पर ब्राह्मण है, जबकि दूसरे पर अछूत। पूरी व्यवस्था को पूर्ण करने के लिए शुद्ध के तार्किक विपरीत अशुद्ध होना चाहिए। (गुप्ता 1981 : 2095; क्विगले 1993 : 27-9 भी देखें)

जैसा कि पहले उल्लेख किया गया है—वेबर और बॉगल के विपरीत, ड्यूमॉन्ट भारतीय समाज की अजीबोगरीब प्रकृति में भरोसा करते हैं और वह भारतीय समाज के मूलभूत मूल्यों को पश्चिम के लोगों के विपरीत बताते हैं। उन्होंने ऐसा दो समाजों में हैसियत और ताकत के बीच सम्बन्ध की भिन्न प्रकृति की ओर संकेत करते हुए कहा। पश्चिम के आधुनिक समाजों में आमतौर पर ताकत और हैसियत एक जैसी चीजें थीं। हालाँकि, भारत में इन दोनों के बीच अन्तर था। एक जाति-आधारित सामाजिक व्यवस्था में यह जरूरी नहीं कि जो व्यक्ति राजनीतिक और आर्थिक रूप से सबसे ताकतवर था उसे समाज में सर्वोच्च हैसियत प्राप्त हो। इसी तरह यह भी जरूरी नहीं कि जिन लोगों ने सर्वोच्च दर्जे (ब्राह्मणों) को प्राप्त किया था वे गरीब और बिना किसी राजनीतिक ताकत के भी हो सकते हैं। दूसरे शब्दों में ड्यूमॉन्ट के अनुसार, भारत में पुजारी (ब्राह्मण) को राजा (या प्रमुख जाति) की तुलना में एक बेहतर हैसियत प्राप्त है, क्योंकि हिन्दू जाति समाज में सामाजिक संगठन के सिद्धान्त के अनुसार प्राप्त दर्जा, ताकत के सिद्धान्त से प्राप्त दर्जे की तुलना में बेहतर थी।

हैसियत ने ताकत को पीछे छोड़ दिया। यह हिन्दू जाति-व्यवस्था में शुद्ध और अशुद्ध के द्वंद्वात्मक विरोध और पदानुक्रमित सम्बन्ध की विचारधारा का केवल विस्तार था।

ड्यूमॉन्ट का आकलन

भारतीय जाति-व्यवस्था पर ड्यूमॉन्ट की पुस्तक सम्भवतः इस विषय पर सबसे प्रभावशाली शैक्षणिक कार्य रही है। हालाँकि, उनके इस सिद्धान्त की जाति पर हुए अकादमिक लेखनों में खूब आलोचना भी हुई है और वह भी अच्छे कारणों से। ड्यूमॉन्ट की बातों का आलोचनात्मक परीक्षण लाभदायक रहेगा, क्योंकि उनकी बातें जाति के विषय पर शास्त्रीय पश्चिमी सोच और सामान्य रूप में भारतीय समाज की सोच प्रस्तुत करती हैं। पूरी दुनिया में ड्यूमॉन्ट की पुस्तक (विशेष रूप से अंग्रेजी संस्करण उपलब्ध होने के बाद) की भारतीय समाज के छात्रों ने व्यापक रूप से चर्चा की है। यह जाति के विषय पर एक महत्त्वपूर्ण लेखन है, बावजूद इसके इसकी व्यापक स्तर पर खूब आलोचना भी हुई है।

भारतीय समाज के कई छात्रों ने जाति के प्रति एकतरफा विचार प्रस्तुत करने के लिए उन पर वैचारिक पूर्वग्रह से ग्रस्त होने का आरोप लगाया। आलोचकों का तर्क है कि उनका सिद्धान्त, जाति-व्यवस्था को इस रूप में प्रस्तुत करता है जिससे लगता है कि इसे ब्राह्मणों ने सुनाया है, यानी एक ब्राह्मणवादी दृष्टिकोण। उनका मानना है कि उनके अध्ययन के स्रोत ज्यादातर पाठ्य थे। वे पाठ्य जिन्हें सम्भवतः ब्राह्मणों ने लिखा और बनाया था। ऐसे में जाति के बारे में उनका विचार वास्तव में एकतरफा था। विद्वानों ने रेखांकित किया है कि उन्होंने बड़ी मात्रा में अनुभवजन्य साहित्य की अनदेखी की जो उनके लिए उपलब्ध थे। ऐसे साहित्य पेशेवर सामाजिक मानवविदों ने गाँवों के अध्ययन और मोनोग्राफ के रूप में उपलब्ध कराए थे। ये साहित्य ग्राफिक के जरिये यह बताते थे कि किस तरह सूक्ष्म स्तर पर जाति-व्यवस्था कार्य करती है। लेकिन, ये ड्यूमॉन्ट की जाति की धारणा के अनुरूप नहीं थे, इसलिए उन्होंने इस ओर ध्यान नहीं दिया।

यहाँ तक कि पाठ्य स्रोतों के बारे में उनकी पसन्द भी चयनात्मक थी। शास्त्रीय भारतीय लिखित स्रोत जाति का एक एकीकृत और विलक्षण दृश्य प्रदान नहीं करते हैं (दास और ओबेरॉय 1971)। इतिहासकार बताते हैं कि प्राचीन काल में भी जाति एक होड़ (प्रतिस्पर्धी) और विकसित होती वास्तविकता थी और भारतीय समाज के अन्य पहलुओं की तरह यह भी समय के साथ बदलती रही। उदाहरण के लिए किसी खास क्षेत्र या राज्य में ब्राह्मणों की हैसियत राजा के साथ उनके सम्बन्धों पर निर्भर करती थी। केवल तब, जब ब्राह्मण राजा के पुजारी बने या बड़ी मात्रा में भूमि पर नियंत्रण हासिल किया, तभी उन्हें उच्च हैसियत प्राप्त होनी शुरू हुई। (थापर 75; गुप्ता 1981)

अपने बचाव में ड्यूमॉन्ट तर्क दे सकते हैं कि उन्होंने केवल एक सिद्धान्त बनाने की कोशिश की थी जो जाति-व्यवस्था की अन्तर्निहित संरचना की समझ प्रदान करता था। यह सिद्धान्त इस चीज की चर्चा करता था कि लोग अपने रोजमर्रा के जीवन में जाति-व्यवस्था का किस तरह पालन करते थे। शुद्ध पदानुक्रम 'एक मन:स्थिति' है। हालाँकि, आलोचकों का तर्क है कि 'मन:स्थिति' सामाजिक रूप से तब महत्त्वपूर्ण होती है जब वह क्रियान्वयन और सामाजिक सम्बन्धों में परिवर्तित होती है। जैसा कि बेरेमैन बताते हैं अनुभवों से पता चलता है कि लोगों के जीवन में जाति का अस्तित्व नहीं था, क्योंकि वे एक-दूसरे के साथ बातचीत करते थे। तथ्य यह है कि ड्यूमॉन्ट ने जैसा सुझाया था, उसकी तुलना में जाति का जीवंत अनुभव बहुत अलग था।

उन लोगों के लिए जाति का मतलब था जो 'ताकत और कमजोर, विशेषाधिकार और उत्पीड़न, सम्मान और बदनामी, प्रचुरता और चाहत, ईनाम और अभाव, सुरक्षा और चिन्ता' के बीच रहते थे। (बेरेमैन 1991 : 87-8) इसी तरह जोआन मेन्चर ने बताया कि सबसे निचले पायदान पर मौजूद लोगों के दृष्टिकोण से देखा जाए तो, आर्थिक शोषण के एक बहुत प्रभावी तंत्र के रूप में जाति मौजूद थी और लगातार मौजूद रही है। मेन्चर ने दक्षिण भारत के गाँवों में निचली जातियों के बीच अपना फील्डवर्क करने के बाद यह बात कही। (मेन्चर 1974)

फुलर ने भी ड्यूमॉन्ट के सिद्धान्त की आलोचना करते हुए अपने लेखन में इससे सम्बन्धित तथ्य दिये। उनका तर्क है कि यह केवल सत्ता का सम्बन्ध नहीं है, जिसको उनका (ड्यूमॉन्ट का) सिद्धान्त कमतर बताता है। फुलर के मुताबिक जाति की ऐसी धारणा भौतिक जीवन में असमानताओं और इनसान के जन्म लेने में जाति की निभाई गई भूमिका के बारे में स्पष्ट तथ्यों को कमतर बताती है। औपनिवेशिक काल से पहले के भारत में प्रचलित पुनर्वितरण प्रणाली के बारे में अपने अध्ययन में फुलर ने दिखाया कि किस प्रकार जाति सम्बन्धों की उनकी गाँव स्तरीय प्रणाली, गाँव के बाहर एक बड़े राजनीतिक अधिकार से जुड़ी हुई थी। (फुलर 1977; 1984)

जेम्स मैनॉर का भी यही तर्क है कि जाति का पुराना पदानुक्रम भौतिकता में निहित था। जाति केवल लोगों के दिमाग में ही मौजूद नहीं थी, बल्कि यह विचारों, विश्वासों और कल्पनाओं के स्तर पर भी थी... जाति और जाति के पदानुक्रम पहले थे और इसके तत्त्व अब भी मौजूद हैं। (मैनॉर 2010 : xxii)

एक अन्य भारतीय समाजशास्त्री आंद्रे बेते (1986) ने भारत और पश्चिम के बीच अन्तर पर जरूरत से ज्यादा जोर देने के लिए ड्यूमॉन्ट की आलोचना की है। उनका मानना है कि भारत के समाज को पवित्रता और पदानुक्रम के आधार पर पहचाना जाता है जबकि पश्चिम की पहचान व्यक्तिवाद और समानता है। पश्चिम और भारत का एक तुलनात्मक अध्ययन अगर औपनिवेशिक शोधों पर आधारित होता तो, यह उतना विरोधाभासी नहीं होता जितना कि ड्यूमॉन्ट ने प्रस्तुत किया था। इस प्रक्रिया में वह भारतीय समाज के बारे में एक समान दृष्टिकोण को भी प्रस्तुत नहीं कर पाते हैं। यह वही भारतीय समाज है जहाँ 'पदानुक्रम और पवित्रता का एकमात्र मूल्य अन्तर्जातीय सम्बन्धों के सभी पहलुओं को समेट लेता है'। इसके बदले में समाज इन सम्बन्धों में अन्य सभी सम्भावित देसी अर्थों और मूल्यों की अस्वीकृति को आवश्यक बना देता है। (रहेजा 1989 : 81)

ड्यूमॉन्ट का जाति का सिद्धान्त इतना लोकप्रिय क्यों है? अर्जुन अप्पादुरई ने इस सवाल का एक दिलचस्प जवाब दिया है। सांस्कृतिक जटिलताओं और विविधताओं का सार प्रस्तुत करने के लिए भूमि की पुरानी परम्पराओं का

ऐतिहासिक और मानव जाति विज्ञान सम्बन्धी लेखा-जोखा प्रस्तुत करने की तुलना में 'पदानुक्रम की अवधारणा' एक उपयोगी शॉर्टकट है। दूसरा, यह स्वाभाविक रूप से महत्त्वपूर्ण तथ्य को पकड़ता है। 'पदानुक्रम का विचार' भारतीय समाज की एक महत्त्वपूर्ण विशेषता है। कोई व्यक्ति इसकी सही स्थिति पर सवाल उठा सकता है, लेकिन इसे कोई खारिज नहीं कर सकता। यह भारतीय समाज की विशिष्टता का प्रतिनिधित्व करने के लिए है। (अप्पादुरई 1988 : 44-5) इस प्रक्रिया में अप्पादुरई, बेते और कई अन्य लोगों के साथ असहमति जताते हैं कि भारत के बारे में ऐसा सिद्धान्त, भारत के बारे में शास्त्रीय प्राच्यवादी दृष्टिकोण को भी सुदृढ़ करता है। वह शास्त्रीय प्राच्यवादी दृष्टिकोण जो भारत को धर्म (हिन्दू धर्म) की भूमि के रूप में दर्शाता है। यह विचार भारत को पश्चिम से 'भिन्न' के रूप में भी प्रस्तुत करता है। यानी भारत, पश्चिम से इतर एक ऐसी भूमि है जहाँ अजीबोगरीब प्रथाएँ हैं। उन्होंने भारत को एक ऐसा समाज बताया है जहाँ के विचार या व्यवहार विशिष्ट हैं। समग्र रूप में उसका यही सार है। (वही, 41) दूसरे शब्दों में कहें तो भारतीय सामाजिक और सांस्कृतिक जीवन का हिस्सा रहने वाली सभी चीजें या तो जाति पर आकर टिक जाती हैं या फिर उनका कोई मतलब नहीं रह जाता। जाति के बारे में किताबी विचारों में भारत को इस तरह 'अन्य' के रूप में दिखाना यह बताता है कि भारत का समाज एक सामाजिक व्यवस्था से बँधा हुआ है। ऐसा प्राचीन काल से ही है और इसमें आन्तरिक विरोधाभासों से उत्पन्न होने वाले परिवर्तन की सम्भावना नहीं है। मूल निवासियों के पास अपनी कोई एजेंसी नहीं थी जो परिवर्तन लाने में सक्षम हो। (इंडेन 1990 : 65) इस तरह यह तर्क पश्चिम द्वारा भारत को एक उपनिवेश बनाने के वैचारिक औचित्य के रूप में काम कर रहा है।

जाति के बारे में 'जमीनी-विचार' : ग्राम समाज और भारतीय परम्परा

भारतीय समाज के बारे में 'किताबी विचार' के पूरक सामाजिक वैज्ञानिकों, विशेष रूप से सामाजिक मानव विज्ञानियों ने पारम्परिक भारतीय सामाजिक व्यवस्था

के बारे में फील्डवर्क-आधारित जमीनी विचार के निर्माण की आवश्यकता पर जोर दिया। सामाजिक मानव विज्ञानियों ने 20वीं शताब्दी के मध्य में भारतीय समाज पर काम करना शुरू किया था। ऐसी जमीनी समझ न केवल भारत के बारे में हिन्दू शास्त्रीय धार्मिक लेखन से बनी समझ को ठीक करने के लिए जरूरी थी, बल्कि सामाजिक परिवर्तन और विकास के लिए नीतियाँ बनाने के लिए भी जरूरी थी। इन नीतियों को औपनिवेशिक शासन से आजादी के बाद भारत की सरकारों द्वारा लागू किया जाना था।

भारत की करीब 85 प्रतिशत आबादी उसके 50 लाख से अधिक गाँवों में रहती है। ऐसे में भारत के बारे में 'जमीनी विचार' का निर्माण ग्राम समाज के अध्ययन के माध्यम से किया जाना था। जैसा कि औपनिवेशिक प्रशासकों ने अपने लेखन में बार-बार इस पर जोर दिया था कि पारम्परिक भारतीय गाँव के जीवन की विशिष्ट विशेषता उसका जाति पदानुक्रम थी। गाँव की स्थापना में जातिगत सम्बन्ध सम्भवत: अपने शास्त्रीय रूप में काम करते थे। इसलिए, भारतीय समाज के बारे में उपलब्ध साहित्य में जाति और गाँव साथ-साथ इस्तेमाल किये जाते थे।

एथनोग्राफिक फील्डवर्क की शास्त्रीय पद्धति का उपयोग करते हुए एक-एक सामाजिक मानवविज्ञानियों ने एक ही गाँव में रहकर बड़ी संख्या में 'गाँव के बारे में अध्ययन' किये। समुदाय के साथ एक से दो साल की अवधि तक रहने के बाद मानवविज्ञानियों ने गाँव के सामाजिक और सांस्कृतिक जीवन के विभिन्न पहलुओं के बारे में विवरणात्मक विवरण प्रदान किये। उनके लिए एक गाँव केवल एक बस्ती नहीं थी। इसका एक प्रणाली सम्बन्धी मूल्य भी था जो भारत के पारम्परिक सामाजिक जीवन में प्रवेश का एक बिन्दु था। जैसा कि उनमें से एक ने लिखा है, एक गाँव 'सूक्ष्म रूप में भारत' का प्रतिनिधित्व करता है। (हेबर्ट में होबेल 1971 : vii) एक अन्य विद्वान ने गाँवों को अनमोल अवलोकन-केन्द्रों के रूप में वर्णित किया, जहाँ मानवविज्ञानी विस्तार से उन सामाजिक प्रक्रियाओं और समस्याओं का अध्ययन कर सकते हैं जो दुनिया में तो नहीं, लेकिन भारत के अन्य भागों में पाए जाते हैं। (श्रीनिवास 1955 : 99)

गाँवों की उत्पत्ति का इतिहास कुछ सौ साल पुराना था। इस दौरान इसने वर्षों तक चले युद्धों, साम्राज्यों के बनने और टूटने, अकाल, बाढ़ और अन्य प्राकृतिक आपदाओं को देखा। ये 'प्रमुख सामाजिक और प्रशासनिक इकाई' थे। गाँवों को ऐतिहासिक निरन्तरता और स्थिरता के रूप में देखा गया। इसने गाँव के बारे में अध्ययन के मामले को मजबूत किया। (दासगुप्ता 1978 : 1)

ऐसे फील्ड स्टडी के आधार पर सामाजिक मानवविज्ञानियों ने 1950 और 1960 के दशक के दौरान बड़ी संख्या में मोनोग्राफ प्रकाशित किये। इनमें से कई अध्ययनों में बताया गया कि भारतीय उप-महाद्वीप के सभी ग्राम समुदायों में कई सामान्य विशेषताएँ थीं। गाँव में निवास करने वाली विभिन्न जातियाँ और समुदाय अपने आर्थिक, सामाजिक और अनुष्ठान के तौर-तरीकों में एकीकृत थे। ये आपसी और पारस्परिक दायित्वों के कारण जुड़े हुए थे। ये दायित्व आमतौर पर स्वीकार किये गए सम्मेलनों में मंजूर और स्वीकार किये गए थे। (दुबे 1960 : 202) 1936 में पहली बार प्रकाशित 'द हिन्दू जजमानी सिस्टम' नामक पुस्तक में वाइजर ने भारतीय गाँव में जाति समूहों के बीच सामाजिक सम्बन्धों को 'आदान-प्रदान' यानी 'पारस्परिकता' का ढाँचा बताया है। पारस्परिकता के ढाँचे का तात्पर्य यह है कि एक सामाजिक संगठन के रूप में गाँव पदानुक्रमित था, लेकिन उसकी अन्तर्निहित भावना विभिन्न जाति समूहों के बीच 'परस्पर निर्भरता' की थी। उनके बीच मतभेद थे, लेकिन 'परस्पर निर्भरता' ने ग्राम समुदाय को एकजुट किया। पारस्परिकता (स्पष्ट या अस्पष्ट रूप से) समान सेवाओं और गैर-शोषणकारी सम्बन्धों के आदान-प्रदान पर लागू थी। पारस्परिक विनिमय का परिणाम आपसी संतुष्टि माना जाता था। जैसा कि वाइजर ने बताया, 'हर व्यक्ति दूसरे को सेवा देता है। इस तरह हर कोई मालिक होता है। इस तरह हर कोई नौकर बनता है।' (1969 : 10)

1950 और 1960 के दशकों के दौरान और बाद में किये गए अध्ययनों में ग्रामीण समाज में सामाजिक असमानताओं और भेदभाव के विभिन्न रूपों के बारे में विस्तृत और लम्बी चर्चा की गई थी। हालाँकि, उनमें से कइयों ने पारस्परिकता और कार्यात्मक एकीकरण के ढाँचे का इस्तेमाल करना जारी रखा।

जाति के सम्बन्धों को भी इसी तरह के दृष्टिकोण से देखा गया। उनमें से कई के लिए ग्रामीण भारत में जाति सबसे महत्त्वपूर्ण सामाजिक संस्था थी और यही जाति सभी सामाजिक सम्बन्धों को निर्धारित और उन्हें तय करती थी। हालाँकि, जमीनी विचार जमीनी स्थिति की कुछ स्पष्ट जटिलताओं को सामने लाया। उदाहरण के लिए, जाति रूपी संस्था उप-महाद्वीप के विभिन्न हिस्सों में मौजूद थी, लेकिन वर्णव्यवस्था के ढाँचे की बात आंशिक रूप से सही थी। वर्णव्यवस्था विभिन्न समूहों को पदानुक्रम में रखती है जिसमें ब्राह्मण सबसे ऊपर और अछूत सबसे नीचे के पायदान पर होता है। सैद्धान्तिक रूप से, जाति एक बन्द प्रणाली थी, जहाँ एक सामाजिक हैसियत हासिल करना वंश के हिसाब से तय होता था, न कि व्यक्तिगत उपलब्धि के आधार पर। (मजुमदार 1958 : 19) वैसे, स्थानीय स्तर पर जाति जिस तरह से संचालित होती थी, वह वर्णव्यवस्था में किये गए उल्लेख से काफी अलग थी। आपसी कद अनिश्चित था और उसको लेकर तर्क-वितर्क होते थे। निहितार्थ यह है कि जाति में गतिशीलता सम्भव थी। (श्रीनिवास 1976 : 175)

श्रीनिवास ने संस्कृतीकरण की अवधारणा दी। इसके तहत उन्होंने यह दिखाने की कोशिश की कि जाति पदानुक्रम की व्यवस्था इतनी कठोर नहीं थी जैसा कि इसे किताबी विचारों में दिखाया गया है। उन्होंने पदानुक्रम के रिवाज क्रम के भीतर समूह की गतिशीलता की प्रक्रिया का वर्णन करने के लिए 'संस्कृतीकरण' शब्द का इस्तेमाल किया और इसे एक 'प्रक्रिया' बताया, जिसके द्वारा एक 'निम्न' हिन्दू जाति या आदिवासी या अन्य समूह अपने रीति-रिवाज, संस्कार, विचारधारा और जीवन जीने के तरीके को तेजी से उच्च जाति की दिशा में बदल लेता है। आमतौर पर ऐसा बदलाव, स्थानीय समुदाय द्वारा परम्परागत रूप से दावेदार जाति को स्वीकार करने की तुलना में जातिगत पदानुक्रम में एक उच्च स्थिति के लिए दावा करने के बाद देखा जाता है। (श्रीनिवास 1972 : 6)

अनुष्ठान और धार्मिक परम्पराएँ व्यापक स्तर पर ग्रामीण जीवन के सामाजिक ढाँचे को आकार देती हैं, लेकिन जमींदारी जैसी दुनियावी कारकों की भी अपनी भूमिका होती है। श्रीनिवास ने निम्नलिखित शब्दों में इस बात

को रेखांकित किया है : कद (रैंकिंग) के लिए स्पष्ट मानदंड आमतौर पर धार्मिक या नैतिक रीति-रिवाज थे, जिसके परिणामस्वरूप दुनियावी मानदंडों का महत्त्व छिप जाता था, जबकि इन दुनियावी मानदंडों का प्रभाव वास्तविक था। उदाहरण के लिए भूमि स्वामित्व और संख्यात्मक ताकत जाति के कद में सुधार के लिए महत्त्वपूर्ण थे। ऐसे में उच्च कद या हैसियत के लिए किसी भी दावे में वे रीति-रिवाज और प्रतीकात्मक सम्बन्ध दिखने चाहिए थे। (श्रीनिवास 1976 : 176) यहीं, श्रीनिवास यह भी कहते हैं कि एक 'अछूत' जाति के लिए संस्कृतीकरण के माध्यम से समूह गतिशीलता का आश्रय लेना मुश्किल था। प्राथमिक तौर पर ऐसा इसलिए क्योंकि 'रामपुरा में अछूत भूमिहीन मजदूर, किरायेदार या बहुत छोटे किसान' थे, और शिक्षा के साथ उनका बहुत कम जुड़ाव था। (श्रीनिवास 1959 : 3) इसी तरह, जब दूबे ने शमीरपेट के ग्राम समुदाय में जाति और धर्म के साथ-साथ स्थिति विभेदीकरण में योगदान करने वाले कारकों की पहचान की, तो उन्होंने भूमि-स्वामित्व, धन, सरकारी सेवा और ग्राम संगठन में स्थिति, आयु और विशिष्ट व्यक्तित्व लक्षण को भी शामिल किया। (दुबे 1955 : 161)

इसी तरह, जाति के दुनियावी कामों पर जोर देते हुए दूबे ने कहा कि पूर्व में वंचितों या दासों की जाति पंचायतों ने भूस्वामी प्रभावी जातियों के खिलाफ अपने रोजगार को सुरक्षित करने और अपनी मोलभाव या सौदेबाजी की ताकत को बढ़ाने के लिए संघों के रूप में काम किया। एक तरफ सामाजिक मानवविज्ञानियों ने जाति के बारे में किताबों से ली गई औपनिवेशिक और प्राच्यवादी धारणाओं पर सवाल उठाया है, वहीं दूसरी तरफ उन्होंने इस विचार को स्वीकार किया कि 'भारतीय गाँव' प्रामाणिक मूल जीवन के प्रतिनिधि हैं।

हालाँकि, भारतीय समाज को 'गाँव-गणराज्यों की भूमि' बताने की धारणा अपने आप में एक औपनिवेशिक उत्पत्ति थी। औपनिवेशिक धारणा के तहत जाति सामाजिक संगठन का एक स्वाभाविक ढाँचा है। जेम्स मिल के पुराने लेखन के साथ चार्ल्स मेटकाल्फ की भारतीय ग्राम समुदाय के बारे

में धारणा ने ग्रामीण भारत के बारे में बाद में हुए लेखनों की दिशा तय की। मेटकाल्फ ने अपनी अहम टिप्पणी में कहा . '' भारतीय ग्राम समुदाय छोटे गणतंत्र थे। उनके पास लगभग वे सभी चीजें थीं जिनकी उन्हें जरूरत थी। इस तरह वे लगभग बाहरी सम्बन्धों से परे थे। उन्हें लगता था कि वे ही टिक सकते हैं, दूसरा कोई नहीं। एक वंश के बाद दूसरे के खत्म होने, क्रान्ति के सफल होने के बावजूद ग्राम समुदाय एक जैसे ही रहे। (जैसा कि कोहन 1987 : 213 में उद्धृत किया गया है) जाति-व्यवस्था के बारे में उनकी अवधारणा परस्पर निर्भरता की धारणा पर आधारित थी। यही अवधारणा भारतीय गाँव की धारणा के केन्द्र में थी।

भारतीय स्वतंत्रता आन्दोलन के राष्ट्रवादी नेतृत्व ने भी 'भारतीय गाँव' के बारे में औपनिवेशिक विचार को एक हद तक स्वीकार किया। इसने ही काफी हद तक पारम्परिक भारतीय जीवन के बारे में उनकी समझ को आकार दिया (जोधका 2002 ए)। गाँव को व्यापक रूप से प्रामाणिक मूल जीवन के प्रतिनिधि के रूप में देखा जाने लगा। उदाहरण के लिए गांधी ब्रिटिश भारत के वक्त पतन होते गाँव का महिमामंडन नहीं करने को लेकर सचेत थे। इसके बावजूद उन्होंने ग्राम जीवन की तथाकथित सादगी और प्रामाणिकता को खूब बढ़ावा दिया। यह छवि मोटे तौर पर भारतीय गाँव के बारे में औपनिवेशिक प्रतिनिधित्व से ली गई थी।

सामाजिक मानवविज्ञानियों ने भारतीय गाँव और वहाँ के जातीय सामाजिक क्रम के इस सरलीकृत रूप को बिना विवाद के स्वीकार कर लिया। इस प्रकार परिप्रेक्ष्य और पद्धति के अन्तर के बावजूद उन्होंने जाति को 'परम्परा की धारणा' के रूप में देखना जारी रखा। यह वैसा ही था जैसे भारतीय गाँवों को सदियों पुराना बताया जाता है। यहाँ तक कि संस्कृतीकरण-जैसे कुछ बदलावों की अनुमति मिलने के बावजूद जाति का संरचनात्मक और नैतिक ढाँचा बरकरार रहा। उन्होंने न केवल जाति को परम्परागत ग्राम जीवन के एक तथ्य के रूप में देखा, बल्कि उन्होंने भी प्राच्यविदों की तरह इसे हिन्दू सामाजिक और आनुष्ठानिक जीवन का एक हिस्सा माना।

इन सभी ने भारतीय समाज के बारे में औपनिवेशिक राय को ही ऐतिहासिक तथ्यों के रूप में स्वीकार कर लिया। ऐसा लगता है कि इन सभी ने इस अन्तर्निहित धारणा को स्वीकार कर लिया कि भारत, हिन्दुत्व और जाति के हिसाब से धर्म और रीति-रिवाजों की धरती थी, जो बदलाव के खिलाफ और बाहरी प्रभावों से वंचित थी।

गाँवों के बारे में अध्ययनों ने ग्रामीण सामाजिक जीवन के बारे में विस्तृत वर्णनात्मक चर्चा की है। इसके साथ ही उन्होंने उस रूप में जाति सम्बन्धों को प्रस्तुत किया है जैसा उन्होंने देखा या महसूस किया। दिलचस्प बात यह है कि इनमें से कुछ अध्ययनों को गम्भीरता से पढ़ने पर हमें जाति सम्बन्धों की एक अलग तसवीर दिखती है, जहाँ शक्ति और वर्चस्व इसके हर दिन के क्रियाकलाप के केन्द्र में हैं। अगला अध्याय जाति को ताकत के रूप में देखता है। इसमें जाति की उस रूप में वर्णनात्मक चर्चा है, जिस रूप में सामाजिक मानवविज्ञानी ने 'पारम्परिक' भारतीय गाँव के अध्ययन में प्रस्तुत किया है।

शक्ति और शक्तिहीनता

पारम्परिक रूप से ब्राह्मणों का आदि-द्रविड़ों से कोई सीधा सम्बन्ध नहीं था। उन्होंने अपनी जमीन गैर-ब्राह्मण किरायेदारों को दे दी, बदले में उन्होंने आदि-द्रविड़ मजदूरों को अपने साथ जोड़ा। अन्य तरीकों से ब्राह्मण अक्सर आदि-द्रविड़ों से निपटने के लिए गैर-ब्राह्मणों पर निर्भर रहते थे। जब कोई आदि-द्रविड़ दुर्व्यवहार करता था, तो एक ब्राह्मण मिरासर (एक कुलीन भूस्वामी) अपने गैर-ब्राह्मण किरायेदार से उक्त बदमाश को छलपूर्वक लाने के लिए कहता, और फिर उसे पेड़ से बाँधकर पीटा जाता था। आदि-द्रविड़ों के खिलाफ शारीरिक दंड एक सबसे प्रभावी तरीका था। (बेते 1996 : 168)

जैसा कि हमने पिछले अध्याय में देखा है कि जाति का शास्त्रीय दृष्टिकोण कहता है कि यह भारतीय परम्परा का एक हिस्सा रही है जो हिन्दू धर्म में निहित है। इस दृष्टिकोण से परम्परा एक स्थिर चीज है जो वस्तुतः सदियों से अपरिवर्तित रही है। गाँव और जाति-जैसी 'पारम्परिक' संस्थाएँ पहले औपनिवेशिक काल के दौरान पश्चिमी प्रभाव में और फिर स्वतंत्रता प्राप्ति के बाद शुरू किये गए विकास और लोकतंत्रीकरण की प्रक्रिया के साथ बदलने लगीं। इस अर्थ में यह विचार लगातार प्रबल होता रहा। हालाँकि, बीते समय में (एकदम अभी-अभी नहीं) इस विषय पर हुए सामाजिक वैज्ञानिक अनुसन्धान और जाति को लेकर हुए लोकप्रिय सामाजिक आन्दोलन जाति की ऐसी समझ की वैधता पर अक्सर सवाल उठाते रहे। आज अलग-अलग लोग जाति के बारे में अलग-अलग तरीकों और तर्कों के साथ बात करते हैं। लोकप्रिय और अकादमिक चर्चाओं

में जाति के सम्बन्ध में या जाति के साथ जो सबसे सामान्य श्रेणियाँ जोड़ी गई हैं, वे हैं—'सत्ता' और 'राजनीति'।

जैसा कि पिछले अध्याय में इंगित किया गया है—कई विद्वानों ने शास्त्रीय तर्क की सैद्धान्तिक वैधता पर सवाल उठाया है। शास्त्रीय तर्क यह कहता है कि भारतीय समाज में 'हैसियत' धार्मिक विचारधारा से ली गई थी। यह हैसियत भारतीय समाज में आर्थिक और राजनीतिक वास्तविकताओं या सत्ता और प्रभुत्व की संरचनाओं से इतर स्वतंत्र रूप से काम करती थी। प्राच्यवादी विद्वानों ने इस बात को भी रेखांकित किया कि हिन्दू भौतिक सम्पत्ति या शक्ति से अधिक 'हैसियत या दर्जा' को महत्त्व देते थे, और इसलिए, भारत के जाति समाज के भीतर, भौतिक धन इकट्ठा करने या प्रभुत्व वाली संस्थाओं पर नियंत्रण हासिल करने जैसी सांसारिक स्थिति को पाने की बजाय हैसियत या दर्जा बेहतर या श्रेष्ठ चीज थी।

हालाँकि, कोई भी आसानी से यह तर्क दे सकता है कि ऐसा विभाजन केवल एक काल्पनिक बुनावट थी। 'पदानुक्रम' और 'हैसियत' भी 'शक्ति' के आयाम या रूप हैं। तथ्य यह है कि भारत में हैसियत के धार्मिक संकेतार्थ थे, लेकिन इसका यह मतलब नहीं है कि एक रिश्ते के रूप में इसका (हैसियत का) अनुभव किसी भी तरह से शक्ति और असमानता के अनुभव से अलग था। इसके अलावा, रोजमर्रा के जीवन में इसका पुनरुत्पादन केवल जबरदस्ती या वैध तरीके से 'शक्ति' (धार्मिक विचारधारा सहित) के संचालन के माध्यम से सम्भव हो सका होगा।

जाति के रूप में 'शक्ति' कोई नया सूत्रीकरण नहीं है। समाजशास्त्रियों, सामाजिक मानवविज्ञानियों और अन्य सामाजिक वैज्ञानिकों ने जाति के 'शक्ति' आयाम का व्यापक स्तर पर विश्लेषण किया है। 1950 और 1960 के दशकों के दौरान समाजशास्त्रियों और सामाजिक मानवविज्ञानियों के लिए जाति एक गहन विषय था। उस दौरान उन्होंने भारतीय ग्राम समाज के बारे में गहन क्षेत्र-आधारित अध्ययन किये। ये अध्ययन लम्बे समय तक फील्ड में किये गए कार्य पर आधारित हैं। इसके लिए एक-एक गाँव में एक-एक विद्वान

ठहरे और 'समुदाय' के साथ रहकर अध्ययन को पूरा किया। इन सामाजिक मानवविज्ञानियों ने भारतीय गाँव के अध्ययन के लिए 'सहभागी अवलोकन' की विधि अपनाई। इससे पहले उन्होंने छोटे आदिवासी समुदायों का अध्ययन करने में इस विधि को अपनाया था। हालाँकि उनमें से कई ने भारतीय गाँव की श्रेणी के साथ काम किया, जो कि भारत के पुराने प्राच्यवादी विचारों से उधार लेने जैसा था। उन्होंने यह भी बताया कि उन्होंने जमीन पर क्या-क्या देखा। इसे तथ्य-आधारित तरीका कहा जाता है। इन रिपोर्टों में जाति हमेशा की तरह एक सहकारी शक्ति सम्बन्ध के रूप में सामने आई।

गाँव के सामाजिक जीवन का अध्ययन करने वाले सामाजिक मानवविज्ञानियों ने उपयोगी वर्णनात्मक तरीके के रूप में 'प्रमुख जाति' जैसी श्रेणियों का इस्तेमाल किया। इनमें से कुछ में अनुभवजन्य अध्ययनों में शक्ति सम्बन्धों के सन्दर्भ में वैचारिक निष्कर्ष निकाला गया और जाति के रीति-रिवाजों को सिद्धान्तबद्ध किया गया।

जाति, सत्ता और राजनीति भी समकालीन प्रासंगिकता के विषय हैं। सम्भवतः आज जाति शब्द का सबसे अधिक उपयोग लोकतांत्रिक और चुनावी राजनीति के सन्दर्भ में होता है। आम जनता से लेकर लोकप्रिय मीडिया के चुनाव विश्लेषक, और गम्भीर अकादमिक विश्लेषक तक, लगभग सभी जाति को भारत में लोकतांत्रिक राजनीतिक प्रक्रिया के काम को प्रभावित करने वाले महत्त्वपूर्ण कारक के रूप में देखते हैं। जैसा कि एक लोकप्रिय पूर्वधारणा है कि जाति समुदाय चुनावी परिणामों का निर्धारण करते हैं। वे दबाव समूहों के रूप में काम करते हैं और वे स्थानीय, क्षेत्रीय और राष्ट्रीय स्तर पर भारतीय राज्य के शासन के एजेंडे को प्रभावित करते हैं। जाति आधारित पहचान के आसपास कई राजनीतिक दलों का गठन किया गया है, और ऐसी पार्टियों में जाति के बारे में विवेचना से उनके राजनीतिक कार्यक्रम, नेतृत्व और विचारधारा तय होती है।

यह अध्याय 'पारम्परिक' ग्रामीण इलाके में जाति और सत्ता के बीच सम्बन्ध के बारे में सामाजिक विचार के संक्षिप्त परिचय के साथ शुरू होता है। इसके बाद इसमें कुछ सैद्धान्तिक लेखनों पर संक्षिप्त चर्चा है जो जाति

को सत्ता के रिश्ते के रूप में देखता है। अन्त में, अध्याय इस बात की एक व्यापक समझ प्रदान करता है कि भारत में सामाजिक वैज्ञानिक कैसे 'जाति और लोकतांत्रिक राजनीति' के सवाल से जुड़े हैं।

जाति, शक्ति और प्रभुत्व

पारम्परिक भारतीय सामाजिक गठन का सबसे स्पष्ट अनुभवजन्य सन्दर्भ बिन्दु गाँव है। जाति के साथ गाँव को भारत में पारम्परिक सामाजिक जीवन के वाचक के रूप में भी देखा जाता था। 1950 और 1960 के दशकों के दौरान जिन समाजशास्त्रियों और सामाजिक मानवविज्ञानियों ने 'गाँव के अध्ययन' किये उनमें से अधिकतर उस वक्त लोकप्रिय प्राच्यवादी श्रेणियों और सैद्धान्तिक रूपरेखाओं के आलोचक नहीं थे। हालाँकि, उनके लेखनों का करीबी से अध्ययन करने से स्पष्ट तौर पर पता चलता है कि रोजमर्रा की जिन्दगी में जाति शक्ति से जुड़ाव के रूप में मौजूद थी और इसकी पुनरुत्पत्ति के लिए अक्सर जरूरी साधनों के उपयोग की आवश्यकता होती थी। 'प्रमुख जाति' की अवधारणा से इसकी शुरुआत करना उपयोगी हो सकता है। इस अवधारणा को प्रसिद्ध भारतीय समाजशास्त्री एम.एन. श्रीनिवास ने दिया है। भारतीय गाँव के बारे में अपने 'क्षेत्र-दर्शन' (field-view) को प्रस्तुत करते हुए अपनी अवधारणा के बारे में श्रीनिवास लिखते हैं—

> एक जाति को 'प्रभावी' कहा जा सकता है, जब यह अन्य जातियों पर संख्यात्मक रूप से हावी हो जाती है, और जब यह आर्थिक और राजनीतिक ताकत में भी प्रबल होती है। एक बड़ा और शक्तिशाली जाति समूह अधिक आसानी से प्रभावी हो सकता है, यदि स्थानीय जाति पदानुक्रम में उसकी स्थिति बहुत नीचे न हो।
>
> (श्रीनिवास 1955 : 18)

बाद के एक शोध में, उन्होंने कहा कि ग्रामीण भारत में प्रभुत्व का एक और तत्त्व तेजी से महत्त्वपूर्ण हो रहा है, वह है जाति में शिक्षित व्यक्तियों की

संख्या और उनके द्वारा किये जाने वाले व्यवसाय। ग्रामीणों को इस कसौटी के महत्त्व के बारे में पता था। वे अपने युवाओं को शिक्षित करना और सरकारी अधिकारी बनाना चाहते थे। (श्रीनिवास 1959 : 1) इस विषय पर श्रीनिवास की चर्चा का सम्भवतः सबसे दिलचस्प पहलू यह है कि वह जातिगत सम्बन्धों के शक्ति आयाम का वर्णन काफी स्पष्ट रूप से करते हैं जो 'जाति के विचार' को केवल हैसियत से जोड़ने वाले डूमॉन्टियन चिन्ताओं से मुक्त है। श्रीनिवास के लिए, किसी खास जाति के रीति-रिवाज ही उसके प्रभावशाली बनने के लिए जरूरी नहीं थे, बल्कि यह अपने आप में प्रभुत्व की एक विशेषता या आयाम था।

अपने गाँव में उन्होंने जो देखा, उसकी व्याख्या करने के क्रम में वह लिखते हैं—

> एक गाँव में जातियों के बीच प्रभुत्व के विभिन्न तत्त्व वितरित किये जाते हैं। इस प्रकार एक जाति जो कि रीति-रिवाजों के हिसाब से उच्च स्तर की है, वह गरीब हो सकती है और उसकी संख्या कम हो सकती है, जबकि एक आबादी वाली जाति गरीब और रीति-रिवाज के हिसाब से निम्न हो सकती है। (1959 : 2)

यहाँ तक कि जब रीति-रिवाज वाला प्रभुत्व स्वतः मौजूद होता है और अन्य तरह का प्रभुत्व साथ नहीं होता है तो इसकी भरपाई भौतिक समृद्धि से करनी पड़ती है। राम मन्दिर के ब्राह्मण पुजारी और मदेश्वर व बसवा मन्दिरों के लिंगायत पुजारी गाँव के मानकों के हिसाब से ठीक-ठाक अमीर होते हैं। इन परिवारों के लिए आय का मुख्य स्रोत वह भूमि है जो मन्दिरों के पास होती है। दूसरा साधन, भक्तों के मन्दिर में दर्शन के लिए आने के वक्त दी जाने वाली नकद भेंट होती है। यह भी कम महत्त्वपूर्ण स्रोत नहीं है। (वही, 3) जाति और प्रभुत्व के सम्बन्ध में श्रीनिवास ने जो सम्भवतः सबसे महत्त्वपूर्ण बात कही है वह है ग्रामीण जीवन के दो पहलुओं के बीच सम्बन्ध की गतिशीलता है...जब एक जाति को एक प्रकार का प्रभुत्व प्राप्त होता है,

तो वह समय के साथ तेजी से अन्य रूपों को हासिल करने में सक्षम होती है। इस प्रकार एक जाति जो संख्यात्मक रूप से मजबूत और धनी है, वह रीति-रिवाज के पदानुक्रम में आगे बढ़ने में सक्षम होगी बशर्ते वह अपने रीति-रिवाजों और जीवन के तरीके का संस्कृतीकरण कर ले। इस तरह वह खुद को जो बनाना चाहती है उसे वह दृढ़ता से घोषित कर लेती है। यह जोड़ना आवश्यक नहीं है कि एक जाति के पास प्रभुत्व के जितने अधिक रूप होते हैं, उसके लिए बाकी को हासिल करना उतना ही आसान होता है। (वही, 3)

श्रीनिवास स्पष्ट रूप से यह भी इंगित करते हैं कि अस्पृश्यता, अछूतों के जीवन पर नियंत्रण के बारे में थी। इसका शक्ति के साथ एक रिश्ता (जैसे दासता) था, जिसे प्रभावी बनाने के लिए जरूरत पड़ने पर जबरदस्ती की जाती थी। उदाहरण के लिए, वह जिस गाँव का अध्ययन कर रहे थे, उसके कुछ स्थानीय अछूत समुदायों के निर्णय का जिक्र किया है। अछूत समुदाय ने उच्च जाति के घरों में मृत मवेशियों के शवों को नहीं उठाने, ग्राम देवताओं के त्योहारपर टम-टम नहीं पीटने और शादी-विवाह में उच्च जातियों के जूठे पत्तल नहीं हटाने का फैसला लिया। (वही, 3-4) इससे बिहल्ली किसान नाराज हो गए और उन्होंने अछूतों को पीटा और उनकी झोंपड़ियों में आग लगा दी। केरे अछूतों के इसी तरह के प्रयास को स्थानीय किसानों ने बीच में ही रोक दिया। रामपुर के किसानों की प्रमुख जाति ने अछूतों की मुक्ति का खुलेआम विरोध किया।' (वही, 4)

आंद्रे बेते द्वारा एक दक्षिण भारतीय गाँव में किये गए एक अन्य शास्त्रीय अध्ययन में गाँव के समाज में जाति सम्बन्ध, रीति-रिवाज की परम्पराओं और वर्चस्व को और भी अधिक स्पष्टता से प्रस्तुत किया गया है। रीति-रिवाज सम्बन्धी हैसियत, शक्ति से इतर स्वतंत्र नहीं थी। बल्कि यह (शक्ति) इसके मूल आयामों में से एक थी। तमिलनाडु के तंजौर जिले के एक गाँव में लम्बे समय तक काम करने के आधार पर वह लिखते हैं—

> 1940 के दशक तक, गाँव में ब्राह्मण बेहद ताकतवर थे। उनकी ताकत का आधार भूमि का स्वामित्व, उच्च सामाजिक और

> रीति-रिवाज सम्बन्धी हैसियत, और एक बेहतर शिक्षा थी...पंचायत का अध्यक्ष एक ब्राह्मण होता था, पंचायत कक्ष अग्रहरम (ब्राह्मणों के आवास) में था, और सभी महत्त्वपूर्ण मामलों में पहल करने का अधिकार ब्राह्मणों के हाथों में था...गैर-ब्राह्मण सदस्यों की स्थिति दोयम दर्जे के नागरिकों की थी। (1996 : 152)

एम.एन. श्रीनिवास ने जिस गाँव में अध्ययन किया वहाँ अछूतों को 'अनुशासित' करने के लिए जबरदस्त हिंसा का उपयोग करना पदानुक्रम की शक्ति का एक सामान्य व्यवहार था। वहाँ जाति समुदाय के तीन वर्ग—ब्राह्मण, द्रविड़ (मझोले किसान) और आदि-द्रविड़ (अछूत) थे। ये तीनों एक-दूसरे से बँधे थे (वही, 168)। पूर्वी भारत के एक गाँव का अध्ययन करने वाले एफ.जी. बैली ने भी अन्तर्जातीय सम्बन्धों के आक्रामक स्वभाव को रेखांकित किया है। उन्होंने जाति समाज में परस्पर निर्भरता के विचार पर भी सवाल उठाया। जैसा कि उन्होंने लिखा था—

> व्यवस्था उसी रूप में काम करती है जिस रूप में उसको काम करना चाहिए, क्योंकि सभी अनिवार्य ताकतें एक प्रमुख जाति के हाथों में होती हैं। पारस्परिकता केवल एक बन्धन होती है, यह वह ताकत नहीं होती जिसे जातियाँ आसानी से इस्तेमाल कर सकती हैं। (बेली 1960 : 258)

ब्राह्मण की अस्थिर हैसियत

उपरोक्त चर्चा का एक महत्त्वपूर्ण निष्कर्ष यह है कि वैसे तो गाँव की व्यवस्था में ब्राह्मणों को उच्च हैसियत प्राप्त थी। लेकिन, ऐसा मुख्य रूप से उनकी समग्र आर्थिक ताकत, विशेष रूप से भूमि के स्वामित्व के कारण था। हालाँकि, उप-महाद्वीप के कुछ अन्य क्षेत्रों में ब्राह्मणों को उच्च हैसियत प्राप्त नहीं है, क्योंकि उनके पास कृषि भूमि नहीं थी। इस सन्दर्भ में सम्भवत: सबसे दिलचस्प

उदाहरण उत्तर-पश्चिमी क्षेत्र पंजाब है। औपनिवेशिक पंजाब के सामाजिक जीवन के बारे में प्रकाश टंडन अपनी प्रसिद्ध आत्मकथा 'पंजाबी सेंचुरी' में लिखते हैं—

> ऐसा देखा गया कि पंजाब के ब्राह्मण एक 'मितव्ययी जीवन' जीते थे और इस क्षेत्र में 'समृद्ध ब्राह्मण' मिलना दुर्लभ था। (टंडन 1961 : 77)

अधिकतर ब्राह्मणों के साथ उनके पैतृक गाँव में सेवक जातियों के सदस्यों जैसा बर्ताव किया जाता था। अन्य सेवकों की तरह वे भी मोटे तौर पर अपने जजमनों से एकत्र किये गए भोजन पर निर्भर थे। उनकी सामाजिक स्थिति का जीवंत विवरण देते हुए वह लिखते हैं—

> हमारे साथ, ब्राह्मण एक अल्पाधिकारप्राप्त वर्ग थे और समुदाय पर उनका मामूली या फिर बिलकुल ही प्रभाव नहीं होता था।

नियमों के अनुरूप हमारे ब्राह्मणों की भूमिका शिक्षकों की भी नहीं थी, क्योंकि जब तक अंग्रेजों ने नियमित स्कूल नहीं खोले थे तब तक मस्जिदों में मुस्लिम मुल्ला और गुरुद्वारों में सिख ग्रंथी अध्यापन का कार्य करते थे। हमारे ब्राह्मण शायद ही कभी विद्वान थे। वास्तव में, उनमें से कई मुश्किल से साक्षर थे। वे केवल अनुष्ठानों या रीति-रिवाजों के बारे में नियम-कायदे बताते थे और वे सिर्फ आवश्यक मंत्र जानते थे। (वहीं, 1961 : 76) इसी तरह, 1960 के दशक के उत्तरार्ध में पंजाब के एक छोटे से शहर का अध्ययन करने वाले प्रसिद्ध सामाजिक मानवविज्ञानी सतीश सबरवाल लिखते हैं—

> ...भले ही ब्राह्मण रणजीत सिंह के दरबार में स्वयं के लिए एक रस्मी स्थान बनाने में सक्षम थे, लेकिन इस बात का कोई सबूत नहीं है कि उन्होंने बहुत अधिक भूमि अर्जित की या वे उन सामाजिक परिस्थितियों को थोपने में सक्षम थे जिसके लिए उन्हें उच्च स्तर की शुद्धता हासिल करने की जरूरत थी। (1976 : 7)

पंजाब में ब्राह्मणों के प्रति किसी भी प्रकार की श्रद्धा न होने पर टिप्पणी करते हुए सबरवाल ने चनाना को उद्धृत किया—

> पंजाबी में पंडत (पंडित) शब्द एक ब्राह्मण को दर्शाता है और उसके लिए कुछ सम्मान व्यक्त कर सकता है। लेकिन बहमन (ब्राह्मण) शब्द लगभग हमेशा थोड़ा अवमानना करता है। (वही, 10)

विद्वानों ने उत्तर-पश्चिम भारत में जाति पदानुक्रमों की प्रकृति में ग्रामीण और शहरी के हिसाब से अन्तर भी देखा है। एक तरफ शहरी पंजाब में, खत्री और अरोड़ा (कारोबारी जातियाँ) को सबसे बेहतर समुदाय माना जाता था, वहीं ग्रामीण पंजाब और हरियाणा में भूस्वामी जाट जाति के लोग सर्वोच्च थे और वे किसी को भी अपने से ऊपर नहीं मानते थे। ब्राह्मणों ने दर्जे (रैंकिंग) के ऐसे ढाँचे के लिए खुद को स्वीकार कर लिया था। (डिसूजा 1967)

जाति के शोधकर्ताओं ने यह भी बताया कि पदानुक्रम की प्रकृति या विभिन्न समूहों के कब्जे में रहने वाले पदों को लेकर जाति समूहों के बीच एक सामान्य (कॉमन) ढाँचा नहीं था। जाति के तथाकथित वैचारिक ढाँचे और वर्ण मॉडल विवादित और विवादित श्रेणियाँ हैं। अगले अध्याय में इसके बारे में अधिक विस्तार से चर्चा की जाएगी।

शक्ति के रूप में जाति का प्रतिपादन

ड्यूमॉन्टियन संस्करण सहित शास्त्रीय प्राच्यवादी लेखन ने भी भारतीय/हिन्दू समाज और पश्चिम के आधुनिक समाजों से इसके अन्तर को समझने के लिए एक बड़ा ढाँचा प्रदान किया है। आधुनिक पश्चिम के विपरीत, भारतीय संस्कृति का सार इसके अपने धार्मिक सिद्धान्तों में निहित है। 'धार्मिक सिद्धान्त' की सर्वोच्चता, शुद्ध और अशुद्ध (ड्यूमॉन्ट के रूप में) की विपक्षी एकता के रूप में व्यक्त की गई, इसका मतलब यह भी था कि भारत में शक्ति और शक्तिहानता का धर्मनिरपेक्ष कार्यक्षेत्र (डोमेन), धार्मिक कार्यक्षेत्र (डोमेन) से अलग था और यह इससे हीन या निम्न था।

इसी तरीके से ड्यूमॉन्ट ने भारतीय समाज में ब्राह्मणों के वर्चस्व को स्थापित किया। रहेजा इसे बड़ी चलाकी से कहते हैं—

> हिन्दू समाज के बारे में सबसे व्यापक और निरन्तर पश्चिमी दृष्टिकोण पदानुक्रम को एकमात्र विचारधारा के रूप में देखता है जो जातियों के बीच सम्बन्धों को परिभाषित करता है। इस संकीर्ण दृष्टिकोण में जाति को पवित्रता के ब्राह्मण मूल्यों पर फोकस किये जाने के रूप में देखा जाता है, जबकि राजा और प्रमुख जाति... 'राजनीतिक' और 'आर्थिक' सम्बन्धों के केवल अवशिष्ट, अवमूल्यन और गैर-वैचारिक क्षेत्र का प्रतिनिधित्व करते हैं। (1989 : 79)

कई विद्वानों ने विभिन्न आधारों पर इस सूत्रीकरण पर सवाल उठाया है। कुछ विद्वानों ने वैकल्पिक सिद्धान्त देने का भी प्रयास किया है। यहाँ हम संक्षेप में निकोलस डर्क्स और ग्लोरिया गुडविन रहेजा के कार्यों पर चर्चा करते हैं। तमिलनाडु में कल्लारों की जाति-प्रथाओं और मानव-जाति सम्बन्धी अध्ययनों के बारे में अपने व्यापक ऐतिहासिक काम के आधार पर निकोलस डर्क्स ने अपनी पुस्तक 'कास्ट्स ऑफ माइंड' में ड्यूमॉन्ट की एक आलोचना और जाति की एक वैकल्पिक अवधारणा प्रस्तुत की है। उदाहरण के लिए डर्क्स स्पष्ट रूप से दिखाते हैं कि किस तरह से गणना की प्रक्रिया और मानव-जाति सम्बन्धी सर्वेक्षण के माध्यम से औपनिवेशिक शासकों ने जाति के बारे में चेतना जगाई। उन्होंने ऐसी सामाजिक और बौद्धिक परिस्थितियों का भी निर्माण किया, जहाँ जाति भारत की सामाजिक पहचान, समुदाय और संगठन के विविध रूपों को अभिव्यक्त करने, संगठित करने और सबसे ऊपर 'संश्लेषित' करने में समक्ष एकल शब्द बन गया। (डर्क्स 2001 : 5)

'मूल जाति', इस बारे में उन्होंने अपनी पुस्तक के साथ-साथ इस विषय पर एक अन्य निबन्ध में लिखा है। इसके मुताबिक यह एक विविध वास्तविकता थी और इसने किसी भी एक सिद्धान्त का पालन नहीं किया, जैसा कि ड्यूमॉन्ट ने सुझाया था। वह भारतीय/हिन्दू समाज में धार्मिक अधिकार और राजनीतिक

शक्ति के अलगाव के बारे में ड्यूमॉन्ट की केन्द्रीय धारणा पर सवाल उठाते हैं। जबकि ड्यूमॉन्ट यह मानते हैं कि राजा निरपेक्ष क्षेत्र में सर्व-शक्तिशाली है, लेकिन उसकी शक्ति ब्राह्मण के धार्मिक अधिकार से हीन थी, 'पवित्रता और अशुद्धता' के विरोध के सन्दर्भ में व्यक्त की गई। (डर्क्स 1989 : 59) डर्क्स का यह तर्क तमिलनाडु के सन्दर्भ में नहीं था। 'राजनीतिक' क्षेत्र से 'धार्मिक' क्षेत्र का कोई मौलिक सत्ता मीमांसा सम्बन्धी अलगाव नहीं था। धार्मिक संस्थाएँ और शक्ति का क्षेत्र (राजा का) पूरी तरह से एक-दूसरे के साथ घुला-मिला था। राजा धार्मिक पूजा से अपनी शक्ति लेता था। सत्ता को समेटने के लिए हैसियत या धर्म के लिए उसे अलग-अलग वास्तविकताएँ बनानी पड़ती थीं। डर्क्स का तर्क है कि यह वास्तव में ऐसा नहीं था। इस तर्क को उनके अपने शब्दों में प्रस्तुत करना उपयोगी होगा—

> ...मन्दिर में राजा को सर्वोच्च सम्मान देकर मन्दिर उसके लिए सर्वश्रेष्ठ स्थिति का प्रतिनिधित्व करते हैं, यहाँ तक कि विद्वान ब्राह्मणों से पहले। धर्म उससे अधिक राजत्व को नहीं समेटता है, जितना राजत्व धर्म को समेटता है। शक्ति के दो अलग-अलग रूप नहीं होते हैं... राजा और ब्राह्मण, दोनों विशेषाधिकार प्राप्त होते हैं, लेकिन एक ऐसी दुनिया में जहाँ देवत्व के विभिन्न रूपों से सभी प्राणी थे...एक ही सत्ता मीमांसा सम्बन्धी स्रोत से उत्पन्न हुए थे... (वही, 61)

रिचर्ड बरगाट ने भी नेपाल के हिन्दू राज्य के बारे में अपने अध्ययन के आधार पर इसी तरह का तर्क दिया। न केवल, नेपाल के हिन्दू साम्राज्य में राजा के वर्चस्व के बारे में कोई सन्देह नहीं था, बल्कि ब्राह्मणों को भी नागरिक प्रशासन में शामिल किया गया था, जो प्रभावी ढंग से ब्राह्मण को राज्य का सेवक बना देता था। राजा भी केवल राजनीतिक प्रमुख नहीं था, बल्कि 'राजशाही' को देवता रूप माना जाता था। इस तरह राजा ने खुद को विभिन्न सम्प्रदायों के देवताओं के साथ जोड़कर अपना कद बढ़ाया।

पृथ्वी के रक्षक के रूप में अपनी भूमिका के जरिये राजा ने स्वयं को भगवान विष्णु के साथ पहचान दिलाई। नेपाल के राजा को विष्णु का अवतार कहा जाता है। ऐसी ही बात पश्चिमी भारत के कई पुराने राजपूत राजाओं के बारे में कही जाती थी। (बरगाट 1978 : 528)

डर्क्स और बरगाट ने यह दिखाने की कोशिश की कि पारम्परिक भारतीय समाज में देवत्व और शक्ति, दो अलग-अलग चीजें नहीं थीं। इसके लिए उन्होंने सत्ता और राजशाही की वृहद संरचनाओं पर ध्यान केन्द्रित किया। दूसरी तरफ, जी.जी. रहेजा ने उत्तर भारत की सूक्ष्म बस्तियों का अध्ययन किया और यह पाया कि जाति की ब्राह्मण केन्द्रित धारणा पूरी तरह से भ्रामक है। वैसे तो क्षेत्र में जाति विभाजन मौजूद था, लेकिन उन्होंने उस अवधारणा पर सवाल उठाया जिसके तहत कहा गया कि हर जगह जाति सम्बन्धों को आकार देने वाली एक ही अन्तर्निहित मूल्य प्रणाली या विचारधारा होती है। इसके विपरीत गाँव के रोजमर्रा के सामाजिक जीवन में दिखने वाले अन्तर्जातीय सम्बन्धों की कई प्रसंगों के आधार पर बदलने वाली विचारधाराएँ हैं। अर्थ और मूल्य अलग-अलग सन्दर्भ में अलग-अलग हो जाते हैं। और इस तरह ये जातियों के अलग-अलग बनावट के बारे में बताते हैं...(रहेजा 1989 : 81)

रहेजा उत्तर प्रदेश के एक गाँव में अपने अध्ययन के माध्यम से ग्रामीण भारत के रीति-रिवाज वाले जीवन की पूरी तरह से अलग व्याख्या करती हैं। उनके गाँव में जाति सम्बन्धों की एक सबसे मुख्य विशेषता उपहार देना और प्राप्त करने का तरीका था। इसी से विभिन्न जाति समूहों में उनकी हैसियत और स्थिति निर्धारित की जाती थी। स्थानीय भाषा में इसे लेन-देन कहा जाता था। जाति को पदानुक्रम के दृष्टिकोण से देखने के बजाय उन्होंने 'केन्द्रीयता' और 'पारस्परिकता' की श्रेणियों के माध्यम से सम्बन्धों को समझने की कोशिश की। गाँव के प्रमुख जाति समूह गुर्जरों को जजमानी प्रणाली में हमेशा केन्द्रीय स्थान प्राप्त था और ब्राह्मणों और कमिंस (सेवादार जातियों) के साथ उनका सम्बन्ध 'पारस्परिकता' पर आधारित था। अन्य चीजों के अलावा, उनके बीच भी सम्बन्ध लेन-देन के रीति-रिवाजों के अनुसार ही तय होते थे।

गाँव के सांस्कृतिक जीवन में दान देना और लेना एक अहम गतिविधि है। यह मौसम और पर्वों के वार्षिक चक्र के अनुसार जीवनभर चलता है। यह किसी परिवार या गाँव पर विशेष परेशानी या संकट आ जाने पर ही चलता रहता है। (वही, 82) जो दान देते हैं वे अपनी व्यक्तिगत या सामूहिक हैसियत दिखाने के लिए ऐसा करते हैं। हालाँकि, दान से पाप, कष्ट, दोष और मनहूसियत भी तेजी से बढ़ती है। जब किसी रीति-रिवाज के सन्दर्भ में दान दिया या लिया जाता है तो मनहूसियत दानकर्ता से निकलकर दान लेने वाले में समा जाती है।

उत्तर भारत के गाँवों में जाति सम्बन्धों को बनाने वाले कारकों में दान देने और दान लेने का तरीका सबसे अहम है। वैसे तो रीति-रिवाज के अवसर पर विभिन्न जाति समूह दान देते हैं, लेकिन गुर्जर ऐसा सबसे ज्यादा करते हैं। सबसे अहम बात यह है कि जजमानी व्यवस्था में अन्य जाति समूहों को दान स्वीकार करना पड़ता है। ऐंसा करना उनके रीति-रिवाजों के तहत बाध्यकारी है। लेकिन, प्रभावशाली जाति होने के कारण केवल गुर्जर ही ऐसा नहीं करते। यह उनके भौतिक और धार्मिक सभी तरह के प्रभावों को दिखाता है। अपने गाँव में रहेजा तर्क देती हैं... पूरी तरह गुर्जर बहुल है। वे आबादी के करीब आधे हैं, लेकिन उनके पास करीब-करीब पूरी जमीन है। उन्हें जजमान कहा जाता है। ऐसा न केवल गाँव और कृषि सम्बन्धी रीति-रिवाजों के सम्मान में कहा जाता है, बल्कि एक इकाई के रूप में गाँव के रस्म-रिवाज सम्बन्धी जीवन के साथ सम्बन्ध के कारण कहा जाता है। (1989 : 98)

प्रभुत्व, जाति की केवल संख्यात्मक प्रधानता या भूमि पर आधिपत्य के 'अस्थायी' या 'लौकिक' पहलू का मामला नहीं है। वैसे, तथ्यात्मक रूप से भूमि पर आधिपत्य और संख्याबल प्रभुत्व के लिए जरूरी तथ्य हो सकते हैं। लेकिन, ये त्याग के कार्य से प्रभुत्व वाले बनते हैं। त्याग के कार्य से मतलब गाँव की खुशहाली और समृद्धि के लिए बुराई और मनहूसियत को दूर करना है। इसे सभी जातियाँ प्रभुत्व के लिए जरूरी मूल आधार और गाँव के जजमानी रिश्तों के रूप में देखती हैं। (वही, 98-9)

दिलचस्प बात यह है कि जाति सम्बन्धों की प्रतिस्पर्धी और एक से अधिक व्याख्या की जा सकने की सम्भावना को इंगित करने वालों में डर्क्स और रहेजा अकेले नहीं हैं। 'अछूतों' पर काम करने वाले विद्वानों के लेखन का एक बड़ा हिस्सा इसी तरह दिखाता है कि 'नीचे' से की गई जाति की व्याख्या, शायद ही कभी 'ऊपर' से की गई व्याख्या से मेल खाती हो। अगले अध्याय में विस्तार से चर्चा की जाएगी।

जाति और समकालीन भारत की राजनीति

भारत के स्वतंत्रता आन्दोलन के नेताओं का जाति के प्रति एक समान रवैया नहीं था। एक तरफ गांधी, भारतीय समाज में जाति-आधारित विभाजन की व्यवस्था में बुनियादी रूप से कुछ भी गलत नहीं पाते हैं, वहीं नेहरू, आम्बेडकर जैसे नेताओं और पश्चिम में शिक्षित मध्यवर्ग के अधिकांश लोग खुले तौर पर जाति-व्यवस्था के आलोचक थे। उन्होंने कहा कि इसका आधुनिक लोकतांत्रिक भारत में कोई जगह नहीं होनी चाहिए। जाति के विषय पर भारतीय संविधान की दृष्टि को आकार देने वाला विचार बाद में आया। भारत के प्रथम प्रधानमंत्री पंडित जवाहरलाल नेहरू ने 1946 में 'द डिस्कवरी ऑफ इंडिया' नामक प्रसिद्ध किताब लिखी। इस किताब में उन्होंने देश के मध्यवर्गीय अभिजात वर्ग के बीच इस विषय पर तत्कालीन 'मुख्यधारा' की स्थिति को जोड़ते हुए लिखा—

> समाज के सन्दर्भ में, आज जाति-व्यवस्था और उसके साथ जुड़ी बहुत सारी चीजें प्रगति में पूरी असंगत, प्रतिक्रियावादी, प्रतिबन्धात्मक और बाधा पैदा करने वाली हैं। इसके ढाँचे के भीतर स्थिति और अवसर में कोई समानता नहीं हो सकती और न ही राजनीतिक लोकतंत्र हो सकता है...इन दो अवधारणाओं के बीच संघर्ष अन्तर्निहित है और उनमें से केवल एक ही बच सकता है। (1946 : 257)

भारत की संविधान सभा के अध्यक्ष और स्वतंत्र भारत के पहले कानून मंत्री बी.आर. आम्बेडकर इस पर और भी अधिक सुस्पष्ट थे। उन्होंने लिखा : 'आप जाति की नींव पर कुछ भी नहीं बना सकते। आप एक राष्ट्र का निर्माण नहीं कर सकते; आप एक नैतिकता का निर्माण नहीं कर सकते। आप जाति के आधार पर जो कुछ भी बनाएँगे वे टूट जाएँगे और कभी भी सम्पूर्ण नहीं होंगे।' (2002 : 102) भारतीय संविधान के शुरुआती पन्नों (इसकी प्रस्तावना) में एक ऐसे राष्ट्र की परिकल्पना की गई थी जहाँ समानता, स्वतंत्रता और भाईचारे के मूल्य सर्वोच्च होंगे। ये चीजें ज्यादातर पश्चिम के ऐतिहासिक अनुभव और सांस्कृतिक परम्पराओं से ली गई हैं। इन विचारों ने एक उदार लोकतंत्र और एक आधुनिक समाज की दृष्टि को दिखाया, जो राज्य व साथी नागरिकों के जरिये हर एक व्यक्ति को एक सम्मानजनक अस्तित्व और कुछ मौलिक अधिकार देने की बात को सुनिश्चित करता है। उन्होंने सामाजिक संगठन के सिद्धान्तों के रूप में जाति और पदानुक्रम की भावना का कड़ा विरोध किया।

भारतीय संविधान की राज्य नीति के निर्देशात्मक सिद्धान्त (अनुच्छेद 38) ने आगे यह कहकर और स्पष्ट कर दिया कि 'राज्य जितना सम्भव हो सके उतना एक सामाजिक व्यवस्था की रक्षा कर प्रभावी तरीके से लोगों के कल्याण को बढ़ावा देने का काम करेगा, जिस व्यवस्था में सामाजिक, आर्थिक और राजनीतिक न्याय राष्ट्रीय जीवन के सभी संस्थानों को सूचित करेगा।' (शाह 2002 : 2 में उद्धृत) धर्म, नस्ल, जाति, लिंग, या जन्म स्थान के आधार पर किसी भी प्रकार के भेदभाव को कानून द्वारा दंडनीय बनाया गया।

पश्चिमी दुनिया के लोकतांत्रिक शासन की प्रथाओं को अपनाते हुए भारतीय संविधान ने शासन के कुछ संस्थानों में सभी विधायी शक्तियों को समाहित कर दिया जो भारत के लोगों द्वारा चुने हुए प्रतिनिधियों से बना था। सार्वभौमिक वयस्क मताधिकार के सिद्धान्त का कड़ाई से पालन करते हुए इन निकायों के प्रतिनिधि चुने जाते हैं।

दूसरी तरफ स्वतंत्र भारत के मध्यवर्ग के नेताओं ने जाति की आलोचना तो की, लेकिन उन्होंने इस पारम्परिक 'संस्था' के खिलाफ कोई नैतिक निर्णय नहीं लिया।

'मुख्यधारा' के भारतीय राजनीतिक नेतृत्व ने 'अपंग' बनाने वाले इस प्रभाव को स्वीकार किया कि सदियों से चली आ रही इस व्यवस्था ने जनता के विभिन्न वर्गों और एक सच्चे लोकतंत्र व व्यक्तिगत नागरिकता के निर्माण के लिए इस 'पुरानी' व्यवस्था के निहितार्थ को कमतर कर दिया। इन चिन्ताओं को दूर करने के लिए भारतीय संविधान ने कुछ कानूनी और संस्थागत उपायों की स्थापना की। वैसे अस्थायी रूप से ही थे। इसका मकसद सामाजिक व्यवस्था में ऐतिहासिक रूप से वंचित लोगों के समूहों और समुदायों को समान शर्तों के आधार पर राजनीतिक के खेल में भाग लेने के लिए सक्षम बनाना था। (गैलेंटर 1984)

राष्ट्र के आर्थिक और राजनीतिक जीवन में भागीदार बनाने के लिए ऐतिहासिक रूप से वंचित वर्गों को सक्षम करने में भारतीय नीतियों और सकारात्मक कार्रवाइयों से जुड़े कार्यक्रमों के सकारात्मक प्रभाव को लेकर शायद ही किसी को आपत्ति होगी। भारत अपनी राजनीतिक व्यवस्था के विभिन्न स्तरों पर लोकतांत्रिक शासन की एक स्वस्थ प्रणाली को संस्थागत रूप देने में असाधारण रूप से सफल रहा है। ये उपलब्धियाँ निश्चित रूप से सराहनीय हैं, लेकिन इसका यह मतलब नहीं है कि राष्ट्र के सामाजिक या राजनीतिक जीवन में जाति का अन्त हो गया है। वास्तव में, कई लोग यह कहेंगे कि राजनीतिक रूप से जाति आज, पहले की तुलना में अधिक सक्रिय संस्था है और ऐसा काफी हद तक चुनावी प्रक्रियाओं और प्रतिस्पर्धी राजनीति के कारण हुआ है। लोकतंत्र और चुनाव से जुड़े अनुभवों को देखकर ऐसा भी लग सकता है कि जाति ने आधुनिक राष्ट्र के निर्माताओं की उम्मीदों को झुठला दिया। जाति के अस्तित्व या राजनीति के साथ इसकी बढ़ती भागीदारी से ऐसा भी प्रतीत हुआ कि भारत में लोकतंत्र ने ठीक से काम नहीं किया। यह भी कहा जा सकता है कि जाति का खत्म न होना लोकतंत्र की विफलता का सबूत है। लेकिन, चुनावी प्रणाली और राजनीतिक जीवन के अन्य पहलुओं पर मौजूद किताबों में एक ऐसी प्रक्रिया की ओर स्पष्ट रूप से इशारा किया गया है, जिसे भारतीय राजनीतिक वैज्ञानिकों ने लोकतंत्र के मजबूत होने के रूप में वर्णित किया है। (देखें, यादव 1999; पलशिकर 2004)। यह लोकतंत्र भारतीय आबादी के विभिन्न

वर्गों और सामाजिक समूहों के समाहित होने के कारण और समावेशी बन गया है। (जयाल 2001) इस स्पष्ट रूप से विरोधाभासी वास्तविकता से कैसे कोई राय बनाई जा सकती है?

जाति और लोकतांत्रिक राजनीति

लोकतांत्रिक राजनीति के उदार दृष्टिकोण और सामाजिक परिवर्तन के विकासवादी धारणाओं में विश्वास के प्रति व्यक्तिगत लगाव के बावजूद, आधुनिकीकरण की पश्चिमी शैली की अनिवार्यता या भारत के बारे में औपनिवेशिक या प्राच्यवादी लेखनों से विरासत में मिली श्रेणियों के साथ तल्लीनता के कारण सामाजिक मानवविज्ञानियों ने इस जबरदस्त लचीलेपन को स्वीकार किया कि जमीन पर जाति की संस्था दिख रही थी।

उन्होंने जल्दी ही 'आधुनिक' संस्थानों के कामकाज पर जाति के सम्भावित प्रभाव और इसके बदले में जाति पदानुक्रम की व्यवस्था के लिए एक नये तरह की राजनीति के निहितार्थ पर रिपोर्ट बनाना शुरू कर दिया था। उदाहरण के लिए, उनमें से कुछ ने इस तथ्य को पहचानने में तेजी की कि व्यक्तिगत पसन्द और उपलब्धि के आधार पर सामाजिक स्तरीकरण की एक खुली प्रणाली द्वारा जाति समाज की पारम्परिक 'वर्णनात्मक संरचनाओं' को पूरी तरह हटाने के बजाय शासन के नये तरीके और आधुनिक तकनीक के बढ़ते उपयोग से जाति के संरचनात्मक तर्क कमजोर होने के साथ अन्य रूप में इसे (जाति को) मजबूती भी मिल सकेगी।

दक्षिण के प्रान्तों में गैर-ब्राह्मण आन्दोलनों के उदय के साथ जाति की प्रकृति में हुए बदलाव के अनुभव पर टिप्पणी करते हुए जी.एस. घुर्ये ने 1932 की शुरुआत में ही कहा था कि पदानुक्रम पर इस तरह लामबन्द हमले का मतलब यह जरूरी नहीं कि जाति का अन्त हो जाएगा। इन लामबन्दियों ने एक नई तरह की सामूहिक भावना 'जाति की एकजुटता की भावना' पैदा की, जिसे 'सही मायने में जाति भक्ति के रूप में वर्णित किया जा सकता है।' (1932 : 192)

एम.एन. श्रीनिवास ने 1950 के दशक के अन्त में अपने लेखन में इस बिन्दु को और विस्तार दिया। आधुनिक तकनीक और प्रतिनिधित्ववादी राजनीति (दोनों को भारत में औपनिवेशिक शासकों द्वारा पेश किया गया था) के सम्भावित परिणामों पर विशेष रूप से ध्यान देते हुए उन्होंने तर्क दिया कि आधुनिकीकरण की प्रक्रिया पूरी तरह दूर रहने के कारण जाति एक 'क्षैतिज समेकन' का अनुभव कर रही थी। जाति पर आधुनिक तकनीक के प्रभाव पर टिप्पणी करते हुए उन्होंने लिखा—

> छपाई, नियमित डाक सेवा, स्वदेशी समाचार-पत्र और पुस्तक, टेलीग्राफ, रेलवे और बस के आने से विभिन्न क्षेत्रों में रहने वाले एक जाति के प्रतिनिधि एक-दूसरे से मिलने और एक जैसी समस्याओं और हितों के बारे में चर्चा करने में सक्षम हुए। पश्चिमी शिक्षा ने स्वतंत्रता और समानता जैसे नये राजनीतिक मूल्यों को जन्म दिया। शिक्षित नेताओं ने जाति पत्रिकाओं की शुरुआत की और जाति सम्मेलन आयोजित किये। जाति को संगठित करने और गरीब सदस्यों की मदद के लिए धन एकत्रित किये गए। जाति छात्रावास, अस्पताल, सहकारी समितियाँ, आदि शहरी सामाजिक जीवन की एक सामान्य विशेषता बन गए। सामान्य तौर पर, यह विश्वासपूर्वक कहा जा सकता है कि पिछले सौ वर्षों में जाति की एकजुटता काफी बढ़ी है और इसके साथ एक क्षेत्र में रहने वाली विभिन्न जातियों के बीच आपसी निर्भरता (अन्योन्याश्रय) की भावना भी कम हुई है। (श्रीनिवास 1962 : 74-5)

इसी तरह, अंग्रेजों द्वारा कुछ विशेष प्रकार की प्रतिनिधित्ववादी राजनीति की शुरुआत ने जाति के क्षैतिज समेकन की इस प्रक्रिया में मदद की। स्थानीय स्वशासी निकायों को एक निश्चित मात्रा में शक्ति देने और पिछड़ी जातियों को वरीयता और छूट देने की अंग्रेजों ने जो नीति अपनाई, उससे जातियों को नये अवसर प्रदान हुए। इन अवसरों का लाभ उठाने में सक्षम होने के लिए

जाति समूहों (पारम्परिक रूप से इन्हें ऐसा समझा जाता है) ने बड़ी संस्थाओं के गठन के लिए एक-दूसरे के साथ गठबन्धन किया। (वही, 5)

हालाँकि, यह एकतरफा प्रक्रिया नहीं थी। जाति-व्यवस्था भी एक परिवर्तन के दौर से गुजर रही थी। जाति की क्षैतिज एकजुटता (यानी राजनीतिक-आर्थिक धरातल पर विभिन्न जातियों के बीच एक प्रकार की प्रतिस्पर्धा है) ने अन्ततः जाति की लम्बवत एकजुटता को कमजोर कर दिया। (श्रीनिवास 1962 : 74; बेली, 1963) भारत की स्वतंत्रता के बाद लोकतांत्रिक राजनीति की शुरुआत के साथ इस प्रक्रिया को एक और बल मिला।

जाति के क्रम में बदलाव के सवाल के साथ चुनौती देते हुए लुईस ड्यूमॉन्ट ने भी श्रीनिवास का अनुसरण किया और इसी तरह की अटकलें लगाई। उन्होंने कहा कि आर्थिक और राजनीतिक परिवर्तन की प्रक्रियाओं के साथ जाति गायब नहीं हुई, लेकिन इसका तर्क बदल गया। यानी पहले यह एक तरल संरचनात्मक ब्रह्मांड थी, जिसमें आपसी निर्भरता (अन्योन्याश्रितता) पर जोर दिया गया था... वह अब विचित्र खंडों का ब्रह्मांड बन गया है...जो एक पदार्थ के रूप में अनिवार्य रूप से पहचान रखने वाला और प्रतिस्पर्धी है। (1998 : 222)

जाति की बदलती वास्तविकताओं को सिद्धान्तबद्ध करने के इन प्रयासों ने लोकतांत्रिक राजनीतिक प्रक्रिया के साथ जाति के गतिशील सम्बन्धों को देखने की कई नई सम्भावनाओं को जन्म दिया है। इस तरह 1960 के दशक तक, समाजशास्त्री और राजनीतिक वैज्ञानिक एक अलग भाषा में जाति और राजनीति के बारे में बात करने लगे। यह चर्चा 'भ्रष्टाचार' के बारे में नैतिकता या मापदंड सम्बन्धी प्रमुख चिन्ताओं से स्थानान्तरित होकर इस ओर चली गई कि जाति ने लोकतांत्रिक राजनीतिक प्रक्रिया को जाति और लोकतांत्रिक राजनीति के बीच बातचीत की अधिक अनुभवजन्य प्रक्रिया बना दिया है। लोकतांत्रिक राजनीति के क्रमिक संस्थानीकरण ने जातिगत समीकरणों को बदल दिया। सत्ता एक जाति समूह (तथाकथित रूप से शुद्ध उच्च जातियों) से स्थानान्तरित होकर मध्यम-स्तर की प्रमुख जातियों के हाथों में चली गई। लोकतांत्रिक राजनीति ने भी सत्ता संरचना के स्थानीय स्तर पर भेदभाव की प्रक्रिया शुरू की।

जैसा कि 1960 के दशक के उत्तरार्ध में बेते ने तमिलनाडु के एक गाँव के अपने अध्ययन में बताया है—

> आजादी के बाद से भारत में सत्ता की नई संरचनाओं का एक विशाल गुट उभरा है। आज पारम्परिक निकायों जैसे कि जाति के बुजुर्गों के समूह (जो कार्यात्मक रूप से अब खत्म हो गया है) को सत्ता के कार्यात्मक विशिष्ट संरचनाओं जैसे कि पार्टियाँ और वैधानिक पंचायतों के साथ प्रतिस्पर्धा करनी पड़ी। (1970 : 246-7)

हालाँकि, इस विभेदन का मतलब यह नहीं था कि ये नई संरचनाएँ जाति से मुक्त थीं। जल्द ही उनके काम में जाति घर कर गई, लेकिन इन संस्थानों के अधिकार को अलग तरीके से पुन: प्रस्तुत करना पड़ा। यद्यपि, सत्ता के पारम्परिक स्त्रोत प्रासंगिक बने रहे, लेकिन सार्वभौमिक वयस्क मताधिकार की शुरुआत ने अलग-अलग इलाकों में खास जाति समुदायों की 'संख्याओं' को भी महत्त्वपूर्ण बना दिया। अब शक्ति केवल लामबन्दी (लम्बवत और क्षैतिज दोनों रूप में) से ही दोबारा दिखाई जा सकती थी। इसने राजनीतिक उद्यमियों के एक नये वर्ग को भी जन्म दिया। वर्षों से इसमें से कुछ ने सफलतापूर्वक काम किया है। अक्सर एक राजनीतिक निर्वाचन क्षेत्र को लामबन्द करने के लिए एक ही जाति-समूह से बाहर जाया जाता है। इस प्रकार यह जाति की राजनीति के तर्क को कमजोर करता है। (कृष्ण 2001)

जाति संघ

समाजशास्त्री और सामाजिक मानव विज्ञानी जातियों के क्षैतिज समेकन या जातीय समुदायों में इसके एकीकरण के बारे में बात करते हैं, वहीं राजनीतिक समाजशास्त्रियों ने लोकतांत्रिक राजनीति में जाति संघों की सम्भावित भूमिकाओं और तथ्यों पर काम किया। 19वीं शताब्दी के उत्तरार्ध से उप-महाद्वीप के विभिन्न हिस्सों में जाति संघों का उदय शुरू हुआ। जातीय संघों के चेहरे पर

भारतीय परम्परा के एक विशिष्ट लक्षण दिखाई दिये। इन्होंने औपनिवेशिक शासन द्वारा प्राप्त आधुनिकीकरण की प्रवृत्ति के खिलाफ खुद को मुखर करने की कोशिश की। वास्तव में ये एक अलग तरह की प्रक्रिया का प्रतिनिधित्व करते थे। लॉयड रुडोल्फ और सुजन रुडोल्फ लोकतांत्रिक भारत में जाति संघों के बारे में सबसे पहले अध्ययन करने वालों में शामिल थे।

उन्होंने जाति संघों को भारत जैसे पारम्परिक समाज में आधुनिकता के एजेंट के रूप में देखा और तर्क दिया कि जाति संघ...उस रूप में एक संघात्मक संघ नहीं है, जिस रूप में जाति को समझा जाता था या समझा जाता है। यह एक स्वैच्छिक संघ की विशेषताओं पर आधारित है। जाति संघ की सदस्यता विशुद्ध रूप से मुखर नहीं है; जाति में जन्म आवश्यक है, लेकिन सदस्यता के लिए कोई पर्याप्त शर्त नहीं है। कोई पहचान की विभिन्न डिग्रियों के साथ कुछ अन्तरात्मक कार्यों के आधार पर इसमें शामिल हो सकता है। (1967 : 33)

अपने अध्ययन 'द नडार्स ऑफ तमिलनाडु' (1969) में रॉबर्ट हार्डग्रेव ने इस तर्क को आगे बढ़ाते हुए अपने सिद्धान्त को मजबूत किया कि नडारों के जाति संघ ने एक दबाव समूह की तरह काम किया और समुदाय की ऊपर की तरफ सामाजिक गतिशीलता में महत्त्वपूर्ण भूमिका निभाई। एम.एन. श्रीनिवास (1966) ने भी इसी तरह का तर्क दिया कि जाति संघ उस समय जाति समुदायों के लिए सामाजिक गतिशीलता के एजेंट के रूप में सामने आए, जब ब्रिटिश शासकों ने जातियों की गणना शुरू की।

रजनी कोठारी ने भी भारत में जाति और लोकतांत्रिक राजनीतिक प्रक्रिया पर लिखते समय कमोबेश इसी तरह की दलील दी। अपनी प्रतिष्ठित सम्पादित पुस्तक 'कास्ट इन इंडियन पॉलिटिक्स' (भारत में जाति 1970) में कोठारी ने उस धारणा के खिलाफ तर्क दिया जिसमें कहा गया था कि—

> लोकतांत्रिक राजनीति जाति-जैसे पारम्परिक संस्थानों को पुनर्जीवित करने और उनकी वैधता को फिर से स्थापित करने में मदद कर रही थी। इसमें यह भी कहा गया था कि इससे विघटनकारी

> प्रवृत्तियाँ पैदा हो सकती थीं और ये सम्भवतः भारतीय राजनीति के लोकतांत्रिक और धर्मनिरपेक्ष ढाँचे को बाधित कर सकती थीं। हालाँकि, वास्तविकता में जाति और राजनीति के मिलन के परिणाम, इसको लेकर जो आशंका जताई गई थी, उसके ठीक उलट है। यह राजनीति नहीं है जो जाति-ग्रस्त हो गई, बल्कि यह जाति है जिसका राजनीतिकरण हो गया। द्वंद्ववादी कह सकते हैं कि ऐसा इसलिए है क्योंकि प्रतिस्पर्धात्मक राजनीति के संचालन ने जाति को उसके अराजनीतिक सन्दर्भ से बाहर निकाल दिया और इसे एक नया दर्जा दिया, जिसे अब तक 'जाति-व्यवस्था' के रूप में जाना जाता था वह विघटित होना शुरू हो गया... (कोठारी 1970 : 20-1)

उन्होंने आगे कहा कि—

> जातिगत पहचान के आधार पर जाति संघ बनने के बाद वह अपनी जाति से इतर के कार्यों को प्राप्त करता है, समय बीतने के साथ वह संगठन में अधिक लचीला हो जाता है, यहाँ तक कि वह अन्य जातियों (जिनके साथ शुरू किया था उनसे इतर) के सदस्यों और नेताओं को स्वीकार करना शुरू कर देता है, नये क्षेत्रों में फैलता है, और अन्य स्वाभाविक संगठनों, हित समूहों और राजनीतिक दलों के साथ भी आपसी मसलों (कॉमन कॉज) पर बात करता है। समय के साथ यह संघ एक विशिष्ट राजनीतिक समूह बन जाता है। (वही, 21-2)

घनश्याम शाह ने भी कमोबेश यही बातें कही हैं। उन्होंने कहा कि वैसे तो लम्बे समय तक जाति संघों ने प्रतिस्पर्धात्मक राजनीति और भागीदारी को बढ़ावा दिया, लेकिन इसके साथ उन्होंने संकीर्णता को भी बढ़ाया (शाह 1975)। शास्त्रीय पश्चिमी किताबों में जिस रूप में लोकतंत्र को समझाया गया है उससे इतर लोकतांत्रिक राजनीति की प्रक्रिया में विचलन लाते हुए जाति संघों

ने उन क्षेत्रों में लोकतांत्रिक राजनीति की संस्कृति फैलाने में भूमिका निभाई जो अब तक विशेष रूप से परम्परा के आधार पर शासित थे। अर्नोल्ड एट अल ने कहा है—

> जाति संघ एक सामाजिक अनुकूलक था, जिसे सामाजिक और राजनीतिक रूपों के दो सेटों को जोड़ने के लिए बनाया गया था। इसने जाति को सामाजिक संगठन के आधार के रूप में इस्तेमाल करते हुए पारम्परिक समाज के मूल्यों को नई व्यवस्था के साथ मिलान किया, लेकिन उसी समय नये उद्देश्यों (जैसे—शिक्षा और अति-स्थानीय राजनीतिक शक्ति) की शुरुआत भी की... (1976 : 372)

दक्षिण भारत के विभिन्न हिस्सों में जाति संघों के अपने तुलनात्मक अध्ययन में उन्होंने पाया कि इन संघों के नेता 'पारम्परिक जाति प्रभुत्व' से नहीं बल्कि पश्चिमी-शिक्षित वकीलों, शहरी व्यवसायियों, सेवानिवृत्त सरकारी कर्मचारियों में से थे, जो बेमेल लोग थे। यह काफी मजेदार था। ये लोग संख्या में कम थे; लेकिन उन्होंने अपने पीछे देखा, इस उम्मीद के साथ कि उनके समुदाय के बाकी लोग उनका समर्थन करेंगे और वे इन बेमेल लोगों को अपने गैर-पारम्परिक करियर में अधिक मजबूती से स्थापित करने में मदद करेंगे। (वही, 372)

वैसे तो राजनीति और भारतीय नागरिकों के सामुदायिक जीवन में जाति संघों का महत्त्वपूर्ण योगदान रहा है, लेकिन आगामी दशकों के दौरान सामाजिक विज्ञान अनुसन्धान की इस विषय में रुचि कम हो गई। 'भारत में जाति लोकतांत्रिक राजनीति को आकार देता है' वाली लोकप्रिय धारणा भी प्रचलित रही। केन्द्र सरकार द्वारा 1991 में मंडल आयोग की रिपोर्ट लागू करने के बाद एक बार फिर लोकतांत्रिक राजनीति में जाति-मुहावरे की उपस्थिति दिखी। मंडल आयोग ने अन्य पिछड़ा वर्ग (ओबीसी) के लिए कोटा की सिफारिश की थी। वैसे ओबीसी के लिए कोटा भारत के कई राज्यों में पहले से ही लागू था, लेकिन मंडल कमीशन रिपोर्ट की स्वीकृति ने जाति-आधारित लामबन्दी को एक नई तरह की वैधता प्रदान की।

सम्भवत: अधिक महत्त्वपूर्ण बात लोकतंत्रीकरण की प्रक्रिया के धीरे-धीरे नीचे की ओर पहुँचना है। 1980 के दशक के उत्तरार्ध तक 'जाति की राजनीति और राजनीति की जाति' काफी हद तक मध्यम स्तर के जाति समूहों तक ही सीमित थी। ये कृषि भूमि के मालिक थे और बड़ी संख्या में थे। ये विशिष्ट क्षेत्रीय स्तर की प्रमुख जातियाँ थीं। जो लोग 'मलिनता की रेखा' से नीचे थे (पहले जिसे अछूत कहा जाता था) वे अब तक तथाकथित राष्ट्रीय दलों के संरक्षक संरचनाओं के माध्यम से लोकतांत्रिक राजनीति में भाग लेने लगे थे। वैसे इन पार्टियों में अब भी प्रभुत्व तथाकथित अगड़ी जातियों का था। 1980 के दशक के अन्त तक, इन समुदायों के भीतर से एक नया मध्यवर्गीय अभिजात वर्ग उभरा, जिसने इन सामाजिक रूप से बहिष्कृत समुदायों की चिन्ताओं को उनके भीतर से और एक अलग भाषा में व्यक्त करना शुरू कर दिया। इस प्रकार जाति पर एक नया दृष्टिकोण नीचे से उभरने लगा। हालाँकि बी.आर. आम्बेडकर ने पहले से ही 'अछूत' आवाज को एक शक्तिशाली अभिव्यक्ति प्रदान की थी, लेकिन यह 1980 के दशक तक मुख्यधारा के राजनीतिक प्रवचनों तक ही सीमित रहा।

पूर्व के अछूत समुदायों के नये राजनीतिक अभिजात वर्ग ने 'दलित' राजनीति के विचार के माध्यम से आम्बेडकर और उनके मिशन को फिर से प्रकट किया। 'दलित' शब्द की उत्पत्ति महाराष्ट्र में राजनीतिक आन्दोलनों में हुई। इसका अर्थ है 'टूटा हुआ, जमीनी स्तर पर पतन का शिकार, या उत्पीड़ित'। इसका इस्तेमाल पहली बार उन्नीसवीं सदी के सुधारक ज्योतिबा फुले ने जाति उत्पीड़न के सन्दर्भ में किया गया था। (मेंडेलसन और विकजियानी 2000 : 5) इस उप-महाद्वीप में कई अलग-अलग पूर्व-अछूत समुदायों और व्यक्तियों ने आत्म-वर्णन की सबसे पसन्दीदा श्रेणी के रूप में इस नई भाषा के इस हिस्से को पेश किया था। जाति पर दलित दृष्टिकोण ने पिछले दो दशकों में व्यापक लोकप्रियता हासिल की है जिसकी चर्चा बाद के अध्याय में की गई है।

अवमानना और तिरस्कार

> जब कोई कहता है, 'मैं एक जाट हूँ', तो उसकी छाती फूल जाती है। लेकिन जब हम 'चमार' कहते हैं, तो हम किसी चीज से नहीं जुड़ते हैं। (एक समाजशास्त्री के साथ बातचीत में अनुसूचित जाति के एक छात्र का बयान, अग्रवाल 1983 : 24)

एक राष्ट्रीय दैनिक 'द हिन्दू' ने 8 मई, 2011 को उत्तर-पश्चिम भारत के चंडीगढ़ में एक मेडिकल कॉलेज में एक दलित छात्र के आत्महत्या करने की रिपोर्ट छापी। वह अन्तिम वर्ष का छात्र था और हमेशा से पढ़ने में अच्छा था। वह सामुदायिक चिकित्सा (कम्युनिटी मेडिसिन) जैसे अपेक्षाकृत 'आसान' विषय में फेल हो गया था। दुख की बात यह थी कि जब तीन अन्य शिक्षकों ने उसकी कॉपी का मूल्यांकन किया, तो उन्होंने पाया कि उसके जवाब अच्छे थे और उन्होंने उसे पास कर दिया। वह एक डॉक्टर बन गया, लेकिन मरणोपरान्त। जिस सम्बन्धित शिक्षक ने उसे फेल किया था वह उच्च जाति का था और वह एक 'अछूत' व्यक्ति के डॉक्टर बनने के विचार को स्वीकार नहीं कर सका था। शिक्षक, जो विभागाध्यक्ष भी था, ने कथित तौर पर उनसे (छात्र से) कहा था कि तुम भले ही अनुसूचित जाति के प्रमाणपत्र के जरिये मेडिकल कॉलेज में आ गए हो, लेकिन तुम डिग्री के साथ बाहर नहीं जा पाओगे।

निश्चित रूप से यह एक दुर्लभ या अनूठा मामला नहीं था। जाति-सम्बन्धी सवालों पर काम करने वाले मानवाधिकार कार्यकर्ता वर्ष 2010-11 के दौरान

भारत के विभिन्न हिस्सों से ऐसे कई मामले सामने लाए हैं। हालाँकि, ज्यादातर मामलों में हिंसा ज्यादा प्रत्यक्ष होती है। ऐसा भारत के बीते समय-काल में अछूत माने गए लोगों और समुदायों के बीच सम्मानित जीवन की बढ़ती आकांक्षा की प्रतिक्रिया में होता है। बीते समय-काल के अछूतों के खिलाफ जाति से सम्बन्धित हिंसा की कहानियों के लिए पुस्तकालयों में खोज करने की आवश्यकता नहीं है। जाति से सम्बन्धित अत्याचार की खबरें देश के हर कोने से (जहाँ जाति-प्रथा है) आती हैं और ये लगभग रोजाना आती हैं। यहाँ तक कि 21वीं सदी के भारत में भी।

हमारे लिए अधिक महत्त्वपूर्ण बात यह है कि जातिगत हिंसा की लगातार आने वाली रिपोर्टें व्यापक सैद्धान्तिक और व्यावहारिक/राजनीतिक के महत्त्व पर सवाल उठाती हैं। जाति-सम्बन्धी हिंसा की प्रकृति क्या है? क्या समकालीन भारत के सभी क्षेत्रों में एक जैसा पैटर्न है? जाति समुदायों के आपसी सामाजिक सम्बन्धों के लिए ऐसी घटनाओं के क्या निहितार्थ हैं? यह जाति की पहचान की प्रकृति को कैसे बदलता है? पिछले अध्याय में जिन सैद्धान्तिक लेखों पर चर्चा हुई है, वे हमें अस्पृश्यता और जातिगत हिंसा को समझने में कैसे मदद करते हैं? हम इस अध्याय में इन सवालों के जवाब खोजने की कोशिश करते हैं।

जाति-व्यवस्था और मलीनता की रेखा

'नीचे' से देखने पर पता चलता है कि जाति की सबसे आलोचनात्मक विशेषता अस्पृश्यता का अनुभव है। मलिनता की रेखा, जो बाकी लोगों से 'अछूतों' को अलग करती है, ऐतिहासिक रूप से विभेद का एक महत्त्वपूर्ण बिन्दु रही है। जाति पर आधिकारिक चर्चा में 'मलिनता की रेखा' का विचार भी एक महत्त्वपूर्ण श्रेणी है। ज्यादातर मामलों में, इसका उपयोग 'अनुसूचित जाति' (एससी) की पहचान करने के लिए सीमा रेखा के रूप में और उनके 'कल्याण' के लिए सकारात्मक कदम उठाने की नीतियों को संस्थागत बनाने के लिए किया गया था। कई सालों से चल रहे इस प्रशासनिक वर्गीकरण और विभिन्न

जाति समुदायों के समूहन ने सामाजिक और राजनीतिक जीवन में जाति और जाति-सम्बन्धी भेदों की लोकप्रिय धारणाओं को आकार देना शुरू कर दिया।

कुछ अर्थों में, अस्पृश्यता का विचार मलिनता के विचार या फिर पवित्रता और अशुद्धता की धारणा का एक स्पष्ट विस्तार है। हालाँकि, अस्पृश्यता भी मलिनता की धारणा से कहीं अधिक व्यापक चीज है। पदानुक्रम की रेखा में कहीं भी जाति को लेकर कठोरता उतनी तीखी नहीं है जितनी कि यह 'मलिनता की रेखा' के आसपास है।

उदाहरण के लिए जो लोग पदानुक्रम की पारम्परिक लिखित प्रणाली में मलिनता की रेखा से ऊपर हैं (शूद्र के रूप में नामित भी शामिल हैं) उनके लिए अशुद्धता सापेक्षिक थी। जैसा कि गाँव जीवन के अनुभवजन्य अध्ययनों में दिखाया गया है (पहला अध्याय देखें), 'मलिनता की रेखा' से ऊपर के लोग हैसियत क्रम में अपनी स्थिति के लिए जोर लगा सकते हैं। ऐसा वे बल और शक्ति के उपयोग के माध्यम से या धीरे-धीरे अपने से ऊपर के लोगों की जीवन शैली को अपनाकर खुद का संस्कृतीकरण कर, कर सकते हैं। हालाँकि, मलिनता की रेखा के नीचे रहने वाले लोगों के लिए (तथाकथित अछूत समुदाय) अशुद्धता निरपेक्ष थी। शायद ही ये कभी परम्परा के ढाँचे में रहते हुए इससे निकल सकते थे। संस्कृतीकरण के माध्यम से सामाजिक गतिशीलता का मार्ग अछूतों के लिए उपलब्ध नहीं था। परम्परा के दायरे में रहते हुए शायद ही कभी कोई 'अछूत' समुदाय आगे बढ़ पाता है और अपनी निम्न 'हैसियत' को पार कर पाता है। उनके लिए जाति वास्तव में असमानता की एक बन्द प्रणाली थी।

हालाँकि, पदानुक्रम की पारम्परिक प्रणाली में इसका अहम महत्त्व होने के बावजूद, मलिनता की रेखा के विचार का बहुत लम्बा इतिहास नहीं है। उदाहरण के लिए, इसकी शास्त्र-सम्मत पुष्टि केवल धुँधली है। मनु के लेखन का एक अंश बताता है : ब्राह्मण, क्षत्रिय और वैश्य जाति (वर्ण) दो बार पैदा होते हैं, लेकिन चौथा, शूद्र का केवल एक ही जन्म होता; कोई पाँचवीं (जाति) नहीं है। (द लॉज ऑफ मनु X, 4 बुहलर 1886, चार्ल्से 1996 : 3 में उद्धृत)

इसका सैद्धान्तिक अन्तर तय करने के लिए औपनिवेशिक प्रशासकों और 19वीं के अन्त एवं 20वीं शताब्दी की शुरुआत के सामाजिक और धार्मिक सुधारकों के बीच कई वर्षों तक चर्चा चली। शुरुआती औपनिवेशिक प्रशासकों, जिन्होंने भारतीय समाज और जाति-व्यवस्था के बारे में अपनी समझ धर्मग्रंथों से विकसित की थी, उनके लिए इसका दस्तूर से सामना होने पर अस्पृश्यता का बोध कराना कठिन हो गया। खासकर तब जब जाति की गणना करने की बात आई। पदानुक्रम का चतुर (चार)—वर्ण मॉडल ज्यादा मदद का नहीं था। शूद्रों और अछूतों के बीच भेद करना आनुभविक रूप से महत्त्वपूर्ण था, लेकिन वर्ण मॉडल के साथ वैचारिक रूप से कठिन था। औपनिवेशिक लेखन पदानुक्रम की वर्णव्यवस्था से भरा हुआ था और अछूत को उस मॉडल में डालना चुनौती थी।

साइमन चार्ल्से कहते हैं कि 1901 की जनगणना के आयुक्त रहे हर्बर्ट रिस्ले का लगातार प्रयास ही था जिसकी वजह से अस्पृश्यता शब्द, जैसा कि हम आज समझते हैं, को औपनिवेशिक प्रशासनिक चर्चा में मान्यता प्राप्त हुई (चार्ल्से 1996)। रिस्ले ने शूद्रों को उनके मलिन प्रभाव के आधार पर चार अलग-अलग पदानुक्रमिक श्रेणियों में विभाजित कर एक रास्ता निकालने की कोशिश की। अछूत इस पदानुक्रम में सबसे नीचे थे और उन्हें अस्पृश्य शूद्र (जिनका स्पर्श इतना अशुद्ध है कि गंगा जल को भी प्रदूषित करता है) के रूप गें नामित किया गया था। (पहले भी उद्धृत : 4)

हालाँकि, देश के सुधारकों के लेखन में 'अस्पृश्यता' की अवधारणा उत्पन्न हुई। 19वीं सदी के उत्तरार्ध के दौरान पश्चिमी-शिक्षित भारतीयों और नये-नये उभरे मध्यवर्ग के सदस्यों द्वारा शुरू किये गए सामाजिक और धार्मिक सुधार आन्दोलनों ने 'निम्न' जातियों के बहिष्करण और हाशिये पर होने को हिन्दू समाज के भीतर सुधार के लिए एक महत्त्वपूर्ण क्षेत्र के रूप में देखा। हालाँकि वे सभी भारतीय समाज के ऊपरी जाति के थे, लेकिन उन्होंने अपनी उदीयमान लोकतांत्रिक कल्पना से जाति के सवाल को देखा। चार्ल्से का कहना है कि अस्पृश्यता के विषय पर गोपाल कृष्ण गोखले सबसे पहले बयान देने वालों में से एक थे।

1903 में धारवाड़ में समाज सुधारकों के एक सम्मेलन में उन्होंने एक प्रस्ताव रखा। यहाँ उनके इस कथन का जिक्र करना ठीक होगा—

> हम एक बिल्ली को छू सकते हैं, हम एक कुत्ते को छू सकते हैं... लेकिन इन मनुष्यों का स्पर्श मलिनता या गंदगी है। और यह पूरी तरह से इन लोगों की मानसिक स्तर में गिरावट है कि वे खुद को इस तरह के व्यवहार में कुछ भी नहीं देखते हैं...। (पहले भी उद्धृत : 6)

यद्यपि उच्च-जाति से आने वाले ये सुधारक अस्पृश्यता और मलिनता के बारे में बात कर रहे थे, लेकिन जिस लोकप्रिय श्रेणी के माध्यम से उन्होंने इन लोगों की पहचान की वह 'दमित वर्ग' थे। यह शब्द 1870 के बाद से उपयोग में था। 20वीं शताब्दी के प्रारम्भ में सुधारकों ने भारत के विभिन्न हिस्सों में कई निकायों की स्थापना की, जो 'दमित वर्ग' के कल्याण के सवाल पर ध्यान केन्द्रित कर रहे थे। हालाँकि, उनके बीच के एक वर्ग ने कहा कि 'दमित' शब्द ने मलिनता के कारण एक तरह से वह 'विकलांगता' के अनुभव के विशिष्ट रूप को व्यक्त नहीं करता था। बड़ौदा के महाराजा सयाजी राव गायकवाड़ (तृतीय) ने 1909 में 'द इंडियन रिव्यू' में लिखा था 'अस्पृश्यता', 'गरीबी और अशिक्षा जैसी अधिक व्यापक रूप से चर्चा की जाने वाली कठिनाइयों के अतिरिक्त थी'। उन्होंने 'दमित वर्ग' शब्द की आलोचना की और कहा कि यह शब्द ब्राह्मण जाति के उन लोगों, जिन्होंने कभी भी मलिनता का अनुभव नहीं किया, को भी शामिल करने के लिए 'बहुत ही लचर' है। इसलिए विशेष रूप से वंचित इस वर्ग के लिए एक दूसरी शब्दावली की आवश्यकता है और इसके लिए उन्होंने 'अछूत' शब्द दिया (वही, 7)। धीरे-धीरे यह शब्द चलन में आया और 1920 के दशक तक इसका उपयोग औपनिवेशिक शासकों द्वारा अपनी प्रशासनिक रिपोर्टों में भी किया जाने लगा। गांधी ने भी अपने कुछ प्रारम्भिक लेखन में अस्पृश्यता शब्द का इस्तेमाल किया था, लेकिन अन्ततः उन्होंने हरिजन (भगवान के लोग) शब्द का विकल्प चुना। इस शब्द को पिछली शताब्दी में एक ब्राह्मण गुजराती संत कवि नरसिंह मेहता ने गढ़ा था।

अस्पृश्यता का अनुभव या वास्तविकता वास्तव में जीवन का एक तथ्य था। हालाँकि, औपनिवेशिक शासन और राष्ट्रवादी राजनीति द्वारा इसको स्वीकार किये जाने से जाति पर चर्चा पूरी तरह बदल गई। जाति को समझने के तरीके और शासन व्यवस्था को इससे किस तरह जुड़ना है, इस पर इसका दूरगामी असर पड़ा। वैचारिक स्तर पर बदलाव समकालीन भारत में महत्त्वपूर्ण भूमिका निभाता रहा है। साइमन चार्स्ले ने इस वैचारिक बदलाव के निहितार्थ को पाँच अलग-अलग श्रेणियों में वर्गीकृत किया है। सबसे पहले, इसने 'एक अखिल भारतीय मानक' स्थापित करने में मदद की, एक शास्त्रीय प्रणाली जिसका हर जगह इस्तेमाल हो सकता था। 'अछूत' पर ध्यान केन्द्रित करने का दूसरा निहितार्थ यह था कि इससे विभिन्न जातियों को 'एक शीर्षक में' (यानी एक विशिष्ट सामाजिक निश्चितता और एकरूपता) जोड़ने में मदद मिली।' (रुडोल्फ और रुडोल्फ 1967 : 134) भारत के क्षेत्रों और समुदायों में जातीय पदानुक्रम के ढाँचे में अन्तर और विचलन के बावजूद अस्पृश्यता का प्रचलन आम था। जैसा कि चार्स्ले ने कहा है कि 'अछूत' शब्द ने क्षेत्रों के बीच स्थानीय विषमता पर पर्दा डालने के साथ-साथ वास्तविक से अधिक स्पष्टता के साथ एकरूपता स्थापित करने का काम किया है। इसने भारतीय समाज को समझने की समस्या को सरल बना दिया। (1996 : 11)

इस वैचारिक कदम का तीसरा महत्त्वपूर्ण निहितार्थ यह था कि इसने जाति और समाज को दो श्रेणियों—छूने योग्य और अछूत में विभाजित कर दिया। हालाँकि अलग-अलग लोगों ने अलग-अलग श्रेणियों का इस्तेमाल किया, लेकिन चर्चा ज्यादातर इन बाँटने वाले शब्दों को लेकर थी। श्रेणियों के अलग-अलग सेट जो लोकप्रिय हुए वे हैं—'कास्ट : आउट कास्ट्स' या इसका संस्कृत संस्करण सवर्ण : अवर्ण; जाति हिन्दू : अछूत; उच्च-जाति : निम्न-जाति।

चौथा, अस्पृश्यता का विचार अपने आप 'मलिनता से सम्बन्धित बहिष्करण' को जाति-व्यवस्था की सबसे विशिष्ट/महत्त्वपूर्ण विशेषता के रूप में प्राथमिकता देता है। यद्यपि यह जाति-व्यवस्था और भारतीय समाज की एक नकारात्मक और अवांछनीय विशेषता थी, लेकिन इसने आसानी से ध्यान आकर्षित किया।

मलिनता से सम्बन्धित बहिष्करण पर ध्यान देने का अर्थ यह भी था कि यह केवल गरीबी, या एक कृषक समाज में भूमि का स्वामित्व रखने वालों पर निर्भरता से उत्पन्न शक्तिहीनता की समस्या नहीं थी, बल्कि यह विश्वास और उससे सम्बन्धित व्यवहार का मामला था। (वही, 12) ऐसे में गांधी जैसे सुधारकों के लिए चुनौती अछूतों के प्रति लोगों की सोच को बदलने और उनका सामाजिक रूप से उत्थान करने की थी, जिसका सीधा मतलब उन्हें मन्दिरों में प्रवेश करने की अनुमति दिलाकर उन्हें हिन्दू वर्ग में लाना था।

अन्त में, अस्पृश्यता पर ध्यान देने से मलिनता की रेखा से नीचे रहने वालों को 'केवल पीड़ित' के रूप में दर्शाया गया। प्रतिनिधित्व के इस तरीके ने उन्हें कलंकित भी किया और उनकी पहचान केवल नकारात्मक बनाई। जबकि वास्तविकता में, जैसा कि चार्स्ले ने कहा है—

> हर जाति, चाहे उसे अछूत करार दिया गया हो या नहीं, उसकी सकारात्मक पहचान होती है। (वही, 12)

एक बिन्दु पर हम इस अध्याय में बाद में विस्तार से चर्चा करेंगे।

अछूत से शुरू होकर अनुसूचित जातियों तक

सम्भवत: 20वीं सदी के शुरुआती वर्षों के दौरान 'दबे हुए वर्ग' और अछूत/अस्पृश्यता की श्रेणियों के बढ़ते उपयोग का सबसे दूरगामी निहितार्थ भारत सरकार अधिनियम 1935 में इसकी आधिकारिक मान्यता थी। इसने एक आधिकारिक अनुसूची में कुछ जाति समुदायों के सूचीकरण की प्रक्रिया शुरू की, जिसका उपयोग औपनिवेशिक शासन में विशेष ध्यान देने की जरूरत वाले सामाजिक समूहों की पहचान के लिए किया जाने वाला था। जैसा कि 'अनुसूचित जाति की खोज' (गैलेंटर 1984 : 121-30) में भी कहा गया है—वंचित समुदायों को सूचीबद्ध करने के लिए आधिकारिक तौर पर मान्यता प्राप्त श्रेणी भी अस्पृश्यता के विचार से निकटता से जुड़ी थी।

दिलचस्प बात यह है कि जिन लोगों ने 1935 का अधिनियम बनाया, वे इस बात से बहुत सहमत नहीं थे कि अस्पृश्यता भारत में हर जगह एक ही रूप में मौजूद है। दक्षिण और उत्तर भारत के बीच महत्त्वपूर्ण अन्तर था। मलिनता और अस्पृश्यता के विचार उत्तर के कुछ हिस्सों में उतने महत्त्वपूर्ण नहीं थे जितने कि वे मद्रास (चेन्नई), बॉम्बे (मुम्बई) और मध्य प्रान्तों में थे। इस प्रकार, हालाँकि अस्पृश्यता एक महत्त्वपूर्ण मानदंड था, लेकिन यह ही केवल एक समूह को शामिल करने का निर्धारण नहीं करता था। ऐसे में शामिल किये जाने के कई मानदंड होने चाहिए थे, और वंचितों के साथ चिन्ताएँ आम थीं (वही, 14)। इस प्रकार, अनुसूचित जातियों के रूप में वर्गीकृत किये जाने वाले समुदायों की सूचियाँ राज्यवार तैयार की गई थीं और वे शामिल किये गए नामों और शामिल किये जाने के आधारों, दोनों पर भिन्न थीं। उन्हें अधिनियम के साथ संलग्न अनुसूचियों के रूप में प्रकाशित किया गया था, इसलिए उन्हें 'अनुसूचित जाति', और सम्बन्धित लोगों को एससी'ज (वही, 14) के रूप में नामित किया गया। इसका एक स्पष्ट निहितार्थ यह भी है कि पूर्व में अछूत कहे जाने वालों के साथ एससी'ज को जोड़ना, पूरी तरह से सही नहीं है। प्रक्रियात्मक बारीकियों के बावजूद, अनुसूचित जाति श्रेणी ने केवल इस बात पर जोर दिया कि 'मलिनता की रेखा' या अस्पृश्यता के विचार जाति की लोकप्रिय समझ और कल्पनाओं पर आधारित थे।

अस्पृश्यता के सम्बन्ध में सुधारों पर नैतिक चर्चा से कानून में भी बदलाव किये गए। इस व्यवहार को खत्म करने और रोकने के लिए दंडात्मक प्रावधान किये गए। इस तरह का पहला कानून 'द त्रावणकोर-कोचीन रिमूवल ऑफ डिसएबिलिटी एक्ट, 1825' मौजूदा केरल राज्य में पारित किया गया था। 1938 में मद्रास की विधायिका ने भी एक ऐसा ही अधिनियम पारित किया, जिसके बाद क्रमशः 1939 और 1943 में बड़ौदा और मैसूर ने ऐसे कानून बनाए। स्वतंत्र भारत के संविधान के द्वारा अन्ततः 1950 में अनुच्छेद 17 के तहत अस्पृश्यता को समाप्त कर दिया और ऐसा करने को अपराध बना दिया गया। जैसा कि अधिनियम कहता है : 'अस्पृश्यता' को समाप्त कर दिया गया है

और इसका किसी भी रूप में इस्तेमाल वर्जित है। 'अस्पृश्यता' से उत्पन्न किसी भी अक्षमता को थोपना कानून के अनुसार एक दंडनीय अपराध होगा।

भारत सरकार ने बीते कई वर्षों के दौरान एससी को विभिन्न प्रकार की हिंसा से बचाने के लिए कुछ और कानून बनाए। इनमें 1955 का अस्पृश्यता अपराध अधिनियम; 1976 का नागरिक अधिकार का संरक्षण अधिनियम; और अनुसूचित जाति और अनुसूचित जनजाति अत्याचार निवारण अधिनियम, 1989 शामिल हैं। स्वतंत्र भारत के संविधान ने 1935 के अधिनियम से अनुसूचित जाति की सूची और विचार को भी शामिल किया और समय के साथ इसका विस्तार भी किया। भारत सरकार ने एससी'ज के कल्याण और विकास के लिए सकारात्मक कदम उठाने सम्बन्धी प्रावधानों का भी विस्तार किया, जिस पर अगले अध्याय में चर्चा होगी। 2001 की जनगणना के अनुसार, भारत में कुल एससी जनसंख्या 16,66,35,700 थी जो देश की कुल जनसंख्या का 16.2 प्रतिशत थी। उत्तरी राज्य उत्तर प्रदेश में सबसे बड़ी एससी आबादी (3,51,48,377) थी, उसके बाद पश्चिम बंगाल (1,84,52,555) और बिहार (1,30,48,608) का स्थान था। आनुपातिक रूप से पंजाब 28.85 प्रतिशत एससी जनसंख्या के साथ शीर्ष पर था। वैसे तो जाति और अस्पृश्यता को अक्सर अखिल भारतीय वास्तविकता के रूप में देखा जाता है, लेकिन भारत में कई राज्य हैं जहाँ आनुपातिक या निरपेक्ष रूप में एससी की उपस्थिति बहुत कम या नगण्य है। ये भारत के पूर्वोत्तर (असम को छोड़कर) के राज्य हैं जहाँ एससी की जनसंख्या 1 प्रतिशत से कम है। गोवा में 2 प्रतिशत से कम जनसंख्या एससी के रूप में सूचीबद्ध है। भारतीय राज्यों में से प्रत्येक की एससी की अपनी सूची है। वर्तमान में पूरे देश में कुल 1,231 समुदाय एससी के रूप में सूचीबद्ध हैं।

अस्पृश्यता का समाजशास्त्र

अस्पृश्यता की प्रथा का औपचारिक या कानूनी उन्मूलन का यह अर्थ नहीं था कि समाजशास्त्रीय या सांस्कृतिक रूप से जाति की द्वैतवादी संकल्पनाओं का अन्त हो गया।

श्रेष्ठ और कमतर को चिह्नित किया था। इसका अर्थ यह है कि '...व्यवस्था के संज्ञानात्मक और मूल्यांकन सम्बन्धी मान्यताओं को लेकर एक गहरी सांस्कृतिक सर्वसम्मति है।' (वही, 98)

मोफत के काम और उनके तर्कों ने जाति के अध्ययन में महत्त्वपूर्ण योगदान दिया है, क्योंकि वह हमें जाति के बारे में सोचने के दोहरे तरीके की सीमाओं और दिक्कतों को पहचानने में मदद करते हैं। हालाँकि, कई विद्वानों ने इसकी अनुभवजन्य वैधता पर सवाल उठाया है। जाति पर काम करने वाला कोई भी गम्भीर विद्वान सम्भवत: मोफत से इस बात को लेकर असहमत नहीं होगा कि अछूत खुद को आन्तरिक रूप से उप-समूहों और जातियों में विभाजित कर रहे हैं और इन समूहों में पदानुक्रम की आन्तरिक संरचना है। हालाँकि, यह स्वीकार करना कठिन है कि सभी ने समान रूप से जाति के वैचारिक ढाँचे के साथ समझौता कर लिया था। दूसरे शब्दों में, जाति-व्यवस्था के कार्यात्मक मापदंडों के रूप में 'सहमति, पूरकता और प्रतिकृति' की उनकी धारणा एक अतिशयोक्तिपूर्ण कथन की तरह दिखाई देती है।

1974 में प्रकाशित एक पेपर में जॉन मेन्चर ने जाति पदानुक्रम के बारे में एक दूसरी धारणा प्रस्तुत की। इसमें उन्होंने पदानुक्रम को पलटते हुए निचले पायदान पर मौजूद लोगों के दृष्टिकोण से इसे देखने की कोशिश की। पैमाने के सबसे निचले पायदान पर मौजूद लोगों के दृष्टिकोण से देखने पर पता चलता है कि जाति ने आर्थिक शोषण की एक प्रभावी प्रणाली के रूप कार्य किया और वह अब भी कर रही है।' (मेन्चर 1974 : 469) वह 'उच्च जाति के उस दृष्टिकोण' पर भी सवाल उठाती हैं...जिसमें कहा जाता है कि निम्न-जाति के लोगों ने हमेशा अपनी हैसियत को स्वीकार किया...स्पष्ट है उच्च जातियों की यह बेहतर आर्थिक और राजनीतिक शक्ति थी जो निम्न जातियों को दबाए रखती थी। (वही, 471)

सम्भवत: इससे भी महत्त्वपूर्ण यह है कि वह जाति की उस लोकप्रिय धारणा और समझ पर सवाल उठाती हैं, जिसमें व्यावसायिक विभिन्नता को जोड़ने के साथ प्रत्येक जाति को एक विशेष व्यवसाय में लगे रहने

जैसा कि पिछले अध्यायों में और इस अध्याय की शुरुआत में बताया गया है कि जाति के सिद्धान्तों के निर्माण और अन्तर व एकत्रीकरण की नई श्रेणियों की खोज में उनकी अहम भूमिका के बावजूद मलिनता और पदानुक्रम का विचार केवल दिमागी उपज नहीं हैं, जो जनगणना में श्रेणियों को लाने से बना था। उप-महाद्वीप के विभिन्न हिस्सों में ग्रामीण बस्तियों को इस तरह से बसाया गया था कि अछूत जाति समुदाय के लोग मुख्य बस्तियों से दूर रहते थे। ऐसा तब था जब उनकी सेवाओं की आवश्यकता गाँव समुदाय को होती थी। ग्राम समुदाय से उनके अलगाव और कमतर माने जाने वाले कामों से जुड़े उनके रोजगार के कारण वे सामाजिक स्थितियों में दयनीय और अपमानजनक जीवन जीते थे।

हालाँकि, इस विषय पर पुराने समाजशास्त्रीय और मानवशास्त्रीय लेखन में शायद ही उन्हें कभी इस तरह के दृष्टिकोण से देखा गया। उन्हें अक्सर उस व्यवस्था के हिस्से के रूप में देखा जाता था जो कार्यात्मक और वैचारिक रूप से जाति के संरचनात्मक ढाँचे से एकीकृत था। जैसा कि अध्याय 1 में चर्चा की गई है कि ब्राह्मणों और अछूतों को जाति-व्यवस्था के दो आवश्यक और परस्पर विरोधी तत्त्वों के रूप में देखा गया था। सभी जाति समूहों (ऊपर से नीचे तक) के बीच एक वैचारिक अनुरूपता ने इस व्यवस्था के अनवरत जारी रहने को सुनिश्चित किया। हालाँकि, यह मान्यता या कल्पना जाति का अध्ययन करने वाले छात्रों के बीच विवाद का एक प्रमुख स्रोत रही है। अध्याय 2 में हमारी चर्चा से स्पष्ट है कि इस तरह के विवाद को अक्सर मझोली जातियों के बीच से लड़ा जाता था। प्रमुख मझोली जातियों की तुलना में ब्राह्मणों की कर्मकांडी और भौतिक श्रेष्ठता (जिसे धर्मग्रंथ के द्वारा तय किया गया है), अक्सर गाँव-समाज के अनुभवजन्य अध्ययनों के विरोधाभासी दिखती है। ब्राह्मण की कर्मकांडी श्रेष्ठता को वैचारिक रूप से वास्तविक बनाने के लिए उसकी भौतिक ताकत को इससे जोड़ने की आवश्यकता थी। जिन क्षेत्रों में ब्राह्मणों के पास कोई भौतिक सम्पदा नहीं थी, वहाँ उनकी हैसियत बहुत कम सम्मानित थी।

जैसा कि जी.जी. रहेजा ने कहा है—यहाँ तक कि 'आनुष्ठानिक क्रम' और उनके अर्थ विभिन्न क्षेत्रों में विविध थे। दूसरे शब्दों में, उप-महाद्वीप के विभिन्न क्षेत्रों में जाति की सामाजिक व्यवस्था को नियंत्रित करने वाली अलग-अलग वैचारिक प्रणालियाँ थीं। अस्पृश्यता और मलिनता की रेखा के नीचे रहने वाले समुदायों पर ध्यान केन्द्रित करने वाले समाजशास्त्रीय और सामाजिक मानवशास्त्रीय अध्ययन ने भी जाति के वैचारिक क्रम को लेकर विविध तसवीर पेश की है।

विविधता की सच्चाई के बावजूद हमें इस बिन्दु को भी रेखांकित करना चाहिए कि भारत में लगभग हर जगह अस्पृश्यता मौजूद थी, यहाँ तक कि उन क्षेत्रों में भी जहाँ ब्राह्मण होना बहुत प्रतिष्ठा की बात नहीं थी। यद्यपि, इसकी प्रबलता और रूप अलग-अलग थे। अलग-अलग कलाकारों के लिए मलिनता का विचार अलग-अलग तरीकों से रणनीतिक और राजनीतिक रूप से उपयोगी रहा। एक तरफ इसने औपनिवेशिक शासकों को व्यापक स्तर की विविधता (जिसका उन्होंने सामना किया) के बीच जाति-व्यवस्था की समझ बनाने में मदद की, खासकर तब, जब उन्होंने धार्मिक सुधारकों और राष्ट्रवादियों के लिए हर दशकीय जनगणना शुरू की। यह उनके लिए साथ आने का एक उपयोगी बिन्दु था। इसने उन्हें यह स्थापित करने (नकारात्मक रूप में ही सही) में मदद की कि भारत में एक एकीकृत परम्परा, एक साझा इतिहास और एक साझा मूल्य ढाँचा था। एकता की इस धारणा ने एक एकीकृत हिन्दू धर्म और एक एकीकृत भारतीय सभ्यता के विचार के पक्ष में बहस करने की कोशिश करने वालों की मदद की। यह देखते हुए कि प्राच्यविदों ने जाति को एक हिन्दू संस्थान के रूप में माना था, ऐसे में अस्पृश्यता की प्रथा और मौजूदगी को उप-महाद्वीप में हिन्दू सांस्कृतिक प्रभाव के व्यापक प्रसार के प्रमाण के रूप में आसानी से उद्धृत किया जा सकता है।

समाजशास्त्रीय और सामाजिक मानवशास्त्रीय विद्वानों के बीच अस्पृश्यताका विचार विवाद और मतभेद का विषय रहा है। शास्त्रीय ड्यूमॉन्टियन समाजशास्त्र के लिए जाति, एक धार्मिक विचारधारा पर आधारित एक एकीकृत प्रणाली थी,

जिसने पदानुक्रमित सामाजिक व्यवस्था में पवित्रता और अशुद्धता के मू
पर एक आम सहमति बनाई थी। जो लोग जाति पदानुक्रम के निचले पाय
पर थे वे पवित्रता और मलिनता के क्रम को बनाए रखने को लेकर उत
प्रतिबद्ध थे, जितना कि इस पदानुक्रम के शीर्ष पर बैठा व्यक्ति। यहाँ तक
इस व्यवस्था में या इस व्यवस्था के साथ अपनी हैसियत को लेकर व्य
रूप से नाखुश थे, लेकिन वह इसे स्वीकार करते थे। इस व्यवस्था से
निकलने का एकमात्र उपलब्ध विकल्प त्याग (संन्यास) यानी समुद
सामान्य 'सांसारिक जीवन' को छोड़ना था।

माइकल मोफत ने 'दक्षिण भारत का एक अछूत समुदाय' नाम
मानवविज्ञान सम्बन्धी कार्य से 1979 में प्रकाशित एक प्रभावशा
में इस सिद्धान्त की करीब-करीब पुष्टि कर दी। उनके गाँव

> जाति-व्यवस्था में अच्छी तरह से एकीकृत थे और कार्यात्मक रूप
> सहयोग कर रहे थे। अछूत, उस मोटी बुनावट वाली संस्कृति
> व्यवहार और कार्य करते थे, जिसकी मूल परिभाषा और मूल्य
> वैश्विक भारतीय ग्राम संस्कृति के समान हैं। निचले पायदान
> समान सिद्धान्तों और मूल्यांकनों पर आधारित हैं, जिस पर 'बी
> या 'शीर्ष पायदान' के विचार टिके हुए हैं। भारतीय अछूतों
> प्रणाली स्पष्ट रूप से प्रभावी सामाजिक व्यवस्था पर न तो
> और न ही उसका पुनर्मूल्यांकन करती है। बल्कि, यह अछूतों
> बड़ी प्रणाली का एक सूक्ष्म संसार गढ़ती है। (1979 : 3)

मोफत एक कदम आगे बढ़कर कहते हैं कि अछ
जाति-व्यवस्था के साथ आम सहमति से रहते हैं और इ
वैचारिक रूप से सहयोग करते हैं, बल्कि वे इसे आपर
उन्होंने तमिलनाडु के जिस गाँव का अध्ययन किया, वहाँ
जाति पदानुक्रम में विभिन्न पदों पर मौजूद पाँच अलग-अ
पहचान की। उसी सांस्कृतिक संहिता में प्रतिक्रियात्मक व्य
गया था, जिसने उच्च जातियों के बीच ऊँच और नीच,

(जाति के आह्वान पर) की बात कही गई है। अपवाद स्वरूप कुछ छोटी जातियों को छोड़कर ज्यादातर मामलों में जाति के सदस्यों का एक छोटा हिस्सा उस काम को करता है जिसे जाति के साथ पहचाना जाता है, जैसे कि चमड़े का काम और चमार, और पारम्परिक रूप से उनके समय का केवल एक छोटा-सा हिस्सा इस पर खर्च किया गया।

अधिकांश ग्रामीण भारत में अछूतों का एक बड़ा हिस्सा स्थानीय कृषि अर्थव्यवस्था का हिस्सा था और खेतिहर मजदूर के रूप में काम करता था। जाति-व्यवस्था का कार्य उन्हें विभाजित रखना था। हालाँकि, मेन्चर ने भी तमिलनाडु की ग्रामीण बस्तियों का अध्ययन किया, लेकिन उनका मानव जाति का वर्णन मोफत के उस तर्क का समर्थन नहीं करता जिसमें उन्होंने (मोफत ने) कहा है कि सभी जातियों के बीच अहम मूल्यों को लेकर एक प्रकार की सहमति थी। वह अपने फील्डवर्क में यह बात कहती हैं—

> जब विभिन्न जाति-प्रथाओं के बारे में सवाल किया गया, तो कुछ हरिजन पहले कुछ ऐसी बातें कहते हैं—'यह उनका अधिकार है। हम अछूत हैं।' लेकिन, जब उन पर दबाव डाला जाता है, तो वे स्पष्टीकरण देते हैं जैसे 'उनके पास सारी जमीन है' या 'यहाँ तक कि गरीब नायकर को अमीरों का समर्थन मिला हुआ है, हममें से किसी के पास ज्यादा जमीन नहीं है', या एक लड़की कहती है—हम उनसे नहीं कह सकते कि वे हमारे लिए कुछ काम करें। नहीं! इसके बजाय वे लोग केवल हमसे काम लेते हैं, इसलिए स्वाभाविक रूप से वे हमसे ऊँचे वाले हैं... अगर हमने कोई शिकायत की तो वे हमें अपनी जमीन पर काम करने की अनुमति देने से इनकार कर देंगे; और फिर क्या, हम बस भूखे रहेंगे। (वही, 476)

कुछ-कुछ इसी तरह की बातें दीपांकर गुप्ता ने भी कही हैं। वह भी इस धारणा पर सवाल उठाते हैं कि जाति-व्यवस्था में सभी ने जाति के ब्राह्मणवादी दृष्टिकोण को अपनाया। तथाकथित मलिन रेखा के नीचे रहने वाली हर जाति

के पास अपनी उत्पत्ति के बारे में बताने के लिए एक कहानी है जो जाति विभाजन की कई तरीकों से व्याख्या करती है—

> उत्पत्ति की इन कहानियों में हमेशा व्यवसाय का पहलू नहीं होता है। बल्कि जब तथाकथित निचली जातियों की उत्पत्ति की कहानी बताई जाती है तो व्यावसायिक पहलू पर जोर दिया जाता है...तब व्यवसाय को विशेष रूप से अपमानजनक रूप में नहीं देखा जाता। व्यावसायिक मूल्यांकन और अन्य पहलुओं में भी व्यक्तिगत जाति की विचारधारा ब्राह्मणवादी सोच या विचार से काफी अलग है। (गुप्ता 1984 : 2003)

तथाकथित निम्न-जातियों ने भी उन कारणों को चुनौती दी, जिसे उनसे ऊपर की जातियों ने उनके पतन के बारे में दिया था—

> सच्चाई यह है कि कोई भी जाति, चाहे वह कितने भी निचले पायदान पर क्यों हो, अपने पतन के कारणों को स्वीकार नहीं करती है। हरिजन, जिस भी जाति के हैं, उच्च जाति के दृष्टिकोण को स्वीकार नहीं करते हैं कि उनका शरीर अशुद्ध तत्त्वों से बना है। (गुप्ता 2000 : 1)

दरअसल, पदानुक्रम की संरचना पर तो सवाल उठाया जाता है, लेकिन पदानुक्रम और मलिनता के विचार पर नहीं। गुप्ता कहते हैं—

> कोई भी जाति यह स्वीकार करने के लिए तैयार नहीं है कि उसके अपने सदस्य अपवित्र कर रहे हैं, बल्कि वे आसानी से आरोप लगाते हैं कि वास्तव में अन्य जातियाँ हैं, मलिन करती हैं। यह प्रवृत्ति तथाकथित अछूत जातियों के बीच भी है... (वही, 1-2)

रॉबर्ट डेलीगे द्वारा (Robert Deliege) देश के विभिन्न हिस्सों से अछूत समुदायों के बारे में एकत्र किये गए मूल किस्से भी गुप्ता की बातों को पुष्ट करते हैं।

जैसा कि पिछले अध्यायों में और इस अध्याय की शुरुआत में बताया गया है कि जाति के सिद्धान्तों के निर्माण और अन्तर व एकत्रीकरण की नई श्रेणियों की खोज में उनकी अहम भूमिका के बावजूद मलिनता और पदानुक्रम का विचार केवल दिमागी उपज नहीं हैं, जो जनगणना में श्रेणियों को लाने से बना था। उप-महाद्वीप के विभिन्न हिस्सों में ग्रामीण बस्तियों को इस तरह से बसाया गया था कि अछूत जाति समुदाय के लोग मुख्य बस्तियों से दूर रहते थे। ऐसा तब था जब उनकी सेवाओं की आवश्यकता गाँव समुदाय को होती थी। ग्राम समुदाय से उनके अलगाव और कमतर माने जाने वाले कामों से जुड़े उनके रोजगार के कारण वे सामाजिक स्थितियों में दयनीय और अपमानजनक जीवन जीते थे।

हालाँकि, इस विषय पर पुराने समाजशास्त्रीय और मानवशास्त्रीय लेखन में शायद ही उन्हें कभी इस तरह के दृष्टिकोण से देखा गया। उन्हें अक्सर उस व्यवस्था के हिस्से के रूप में देखा जाता था जो कार्यात्मक और वैचारिक रूप से जाति के संरचनात्मक ढाँचे से एकीकृत था। जैसा कि अध्याय 1 में चर्चा की गई है कि ब्राह्मणों और अछूतों को जाति-व्यवस्था के दो आवश्यक और परस्पर विरोधी तत्त्वों के रूप में देखा गया था। सभी जाति समूहों (ऊपर से नीचे तक) के बीच एक वैचारिक अनुरूपता ने इस व्यवस्था के अनवरत जारी रहने को सुनिश्चित किया। हालाँकि, यह मान्यता या कल्पना जाति का अध्ययन करने वाले छात्रों के बीच विवाद का एक प्रमुख स्रोत रही है। अध्याय 2 में हमारी चर्चा से स्पष्ट है कि इस तरह के विवाद को अक्सर मझोली जातियों के बीच से लड़ा जाता था। प्रमुख मझोली जातियों की तुलना में ब्राह्मणों की कर्मकांडी और भौतिक श्रेष्ठता (जिसे धर्मग्रंथ के द्वारा तय किया गया है), अक्सर गाँव-समाज के अनुभवजन्य अध्ययनों के विरोधाभासी दिखती है। ब्राह्मण की कर्मकांडी श्रेष्ठता को वैचारिक रूप से वास्तविक बनाने के लिए उसकी भौतिक ताकत को इससे जोड़ने की आवश्यकता थी। जिन क्षेत्रों में ब्राह्मणों के पास कोई भौतिक सम्पदा नहीं थी, वहाँ उनकी हैसियत बहुत कम सम्मानित थी।

जैसा कि जी.जी. रहेजा ने कहा है—यहाँ तक कि 'आनुष्ठानिक क्रम' और उनके अर्थ विभिन्न क्षेत्रों में विविध थे। दूसरे शब्दों में, उप-महाद्वीप के विभिन्न क्षेत्रों में जाति की सामाजिक व्यवस्था को नियंत्रित करने वाली अलग-अलग वैचारिक प्रणालियाँ थीं। अस्पृश्यता और मलिनता की रेखा के नीचे रहने वाले समुदायों पर ध्यान केन्द्रित करने वाले समाजशास्त्रीय और सामाजिक मानवशास्त्रीय अध्ययन ने भी जाति के वैचारिक क्रम को लेकर विविध तसवीर पेश की है।

विविधता की सच्चाई के बावजूद हमें इस बिन्दु को भी रेखांकित करना चाहिए कि भारत में लगभग हर जगह अस्पृश्यता मौजूद थी, यहाँ तक कि उन क्षेत्रों में भी जहाँ ब्राह्मण होना बहुत प्रतिष्ठा की बात नहीं थी। यद्यपि, इसकी प्रबलता और रूप अलग-अलग थे। अलग-अलग कलाकारों के लिए मलिनता का विचार अलग-अलग तरीकों से रणनीतिक और राजनीतिक रूप से उपयोगी रहा। एक तरफ इसने औपनिवेशिक शासकों को व्यापक स्तर की विविधता (जिसका उन्होंने सामना किया) के बीच जाति-व्यवस्था की समझ बनाने में मदद की, खासकर तब, जब उन्होंने धार्मिक सुधारकों और राष्ट्रवादियों के लिए हर दशकीय जनगणना शुरू की। यह उनके लिए साथ आने का एक उपयोगी बिन्दु था। इसने उन्हें यह स्थापित करने (नकारात्मक रूप में ही सही) में मदद की कि भारत में एक एकीकृत परम्परा, एक साझा इतिहास और एक साझा मूल्य ढाँचा था। एकता की इस धारणा ने एक एकीकृत हिन्दू धर्म और एक एकीकृत भारतीय सभ्यता के विचार के पक्ष में बहस करने की कोशिश करने वालों की मदद की। यह देखते हुए कि प्राच्यविदों ने जाति को एक हिन्दू संस्थान के रूप में माना था, ऐसे में अस्पृश्यता की प्रथा और मौजूदगी को उप-महाद्वीप में हिन्दू सांस्कृतिक प्रभाव के व्यापक प्रसार के प्रमाण के रूप में आसानी से उद्धृत किया जा सकता है।

समाजशास्त्रीय और सामाजिक मानवशास्त्रीय विद्वानों के बीच अस्पृश्यताका विचार विवाद और मतभेद का विषय रहा है। शास्त्रीय ड्यूमॉन्टियन समाजशास्त्र के लिए जाति, एक धार्मिक विचारधारा पर आधारित एक एकीकृत प्रणाली थी,

जिसने पदानुक्रमित सामाजिक व्यवस्था में पवित्रता और अशुद्धता के मूल्यों पर एक आम सहमति बनाई थी। जो लोग जाति पदानुक्रम के निचले पायदान पर थे वे पवित्रता और मलिनता के क्रम को बनाए रखने को लेकर उतने ही प्रतिबद्ध थे, जितना कि इस पदानुक्रम के शीर्ष पर बैठा व्यक्ति। यहाँ तक कि वे इस व्यवस्था में या इस व्यवस्था के साथ अपनी हैसियत को लेकर व्यक्तिगत रूप से नाखुश थे, लेकिन वह इसे स्वीकार करते थे। इस व्यवस्था से बाहर निकलने का एकमात्र उपलब्ध विकल्प त्याग (संन्यास) यानी समुदाय और सामान्य 'सांसारिक जीवन' को छोड़ना था।

माइकल मोफत ने 'दक्षिण भारत का एक अछूत समुदाय' नामक अपने मानवविज्ञान सम्बन्धी कार्य से 1979 में प्रकाशित एक प्रभावशाली पुस्तक में इस सिद्धान्त की करीब-करीब पुष्टि कर दी। उनके गाँव के अछूत, जाति-व्यवस्था में अच्छी तरह से एकीकृत थे और कार्यात्मक रूप से वे इसका सहयोग कर रहे थे। अछूत, उस मोटी बुनावट वाली संस्कृति के हिसाब से व्यवहार और कार्य करते थे, जिसकी मूल परिभाषा और मूल्य एक व्यापक वैश्विक भारतीय ग्राम संस्कृति के समान हैं। निचले पायदान के विचार उस समान सिद्धान्तों और मूल्यांकनों पर आधारित हैं, जिस पर 'बीच के पायदान' या 'शीर्ष पायदान' के विचार टिके हुए हैं। भारतीय अछूतों की सांस्कृतिक प्रणाली स्पष्ट रूप से प्रभावी सामाजिक व्यवस्था पर न तो सवाल उठाती है और न ही उसका पुनर्मूल्यांकन करती है। बल्कि, यह अछूतों के बीच लगातार बड़ी प्रणाली का एक सूक्ष्म संसार गढ़ती है। (1979 : 3)

मोफत एक कदम आगे बढ़कर कहते हैं कि अछूत न केवल हिन्दू जाति-व्यवस्था के साथ आम सहमति से रहते हैं और इसे औपचारिक और वैचारिक रूप से सहयोग करते हैं, बल्कि वे इसे आपस में दोहराते भी हैं। उन्होंने तमिलनाडु के जिस गाँव का अध्ययन किया, वहाँ के अछूतों के बीच से जाति पदानुक्रम में विभिन्न पदों पर मौजूद पाँच अलग-अलग जाति समूहों की पहचान की। उसी सांस्कृतिक संहिता में प्रतिक्रियात्मक व्यवस्था का निर्माण किया गया था, जिसने उच्च जातियों के बीच ऊँच और नीच, पवित्रता और अशुद्धता,

श्रेष्ठ और कमतर को चिह्नित किया था। इसका अर्थ यह है कि '...व्यवस्था के संज्ञानात्मक और मूल्यांकन सम्बन्धी मान्यताओं को लेकर एक गहरी सांस्कृतिक सर्वसम्मति है।' (वही, 98)

मोफत के काम और उनके तर्कों ने जाति के अध्ययन में महत्त्वपूर्ण योगदान दिया है, क्योंकि वह हमें जाति के बारे में सोचने के दोहरे तरीके की सीमाओं और दिक्कतों को पहचानने में मदद करते हैं। हालाँकि, कई विद्धानों ने इसकी अनुभवजन्य वैधता पर सवाल उठाया है। जाति पर काम करने वाला कोई भी गम्भीर विद्धान सम्भवत: मोफत से इस बात को लेकर असहमत नहीं होगा कि अछूत खुद को आन्तरिक रूप से उप-समूहों और जातियों में विभाजित कर रहे हैं और इन समूहों में पदानुक्रम की आन्तरिक संरचना है। हालाँकि, यह स्वीकार करना कठिन है कि सभी ने समान रूप से जाति के वैचारिक ढाँचे के साथ समझौता कर लिया था। दूसरे शब्दों में, जाति-व्यवस्था के कार्यात्मक मापदंडों के रूप में 'सहमति, पूरकता और प्रतिकृति' की उनकी धारणा एक अतिशयोक्तिपूर्ण कथन की तरह दिखाई देती है।

1974 में प्रकाशित एक पेपर में जॉन मेन्चर ने जाति पदानुक्रम के बारे में एक दूसरी धारणा प्रस्तुत की। इसमें उन्होंने पदानुक्रम को पलटते हुए निचले पायदान पर मौजूद लोगों के दृष्टिकोण से इसे देखने की कोशिश की। 'पैमाने के सबसे निचले पायदान पर मौजूद लोगों के दृष्टिकोण से देखने पर पता चलता है कि जाति ने आर्थिक शोषण की एक प्रभावी प्रणाली के रूप में कार्य किया और वह अब भी कर रही है।' (मेन्चर 1974 : 469) वह 'उच्च जाति के उस दृष्टिकोण' पर भी सवाल उठाती हैं...जिसमें कहा जाता है कि निम्न-जाति के लोगों ने हमेशा अपनी हैसियत को स्वीकार किया...स्पष्ट है कि उच्च जातियों की यह बेहतर आर्थिक और राजनीतिक शक्ति थी जो निम्न लोगों को दबाए रखती थी। (वही, 471)

सम्भवत: इससे भी महत्त्वपूर्ण यह है कि वह जाति की उस लोकप्रिय धारणा और समझ पर सवाल उठाती हैं, जिसमें व्यावसायिक विभिन्नता को जाति जोड़ने के साथ प्रत्येक जाति को एक विशेष व्यवसाय में लगे रहने

(जाति के आह्वान पर) की बात कही गई है। अपवाद स्वरूप कुछ छोटी जातियों को छोड़कर ज्यादातर मामलों में जाति के सदस्यों का एक छोटा हिस्सा उस काम को करता है जिसे जाति के साथ पहचाना जाता है, जैसे कि चमड़े का काम और चमार, और पारम्परिक रूप से उनके समय का केवल एक छोटा-सा हिस्सा इस पर खर्च किया गया।

अधिकांश ग्रामीण भारत में अछूतों का एक बड़ा हिस्सा स्थानीय कृषि अर्थव्यवस्था का हिस्सा था और खेतिहर मजदूर के रूप में काम करता था। जाति-व्यवस्था का कार्य उन्हें विभाजित रखना था। हालाँकि, मेन्चर ने भी तमिलनाडु की ग्रामीण बस्तियों का अध्ययन किया, लेकिन उनका मानव जाति का वर्णन मोफत के उस तर्क का समर्थन नहीं करता जिसमें उन्होंने (मोफत ने) कहा है कि सभी जातियों के बीच अहम मूल्यों को लेकर एक प्रकार की सहमति थी। वह अपने फील्डवर्क में यह बात कहती हैं—

> जब विभिन्न जाति-प्रथाओं के बारे में सवाल किया गया, तो कुछ हरिजन पहले कुछ ऐसी बातें कहते हैं—'यह उनका अधिकार है। हम अछूत हैं।' लेकिन, जब उन पर दबाव डाला जाता है, तो वे स्पष्टीकरण देते हैं जैसे 'उनके पास सारी जमीन है' या 'यहाँ तक कि गरीब नायकर को अमीरों का समर्थन मिला हुआ है, हममें से किसी के पास ज्यादा जमीन नहीं है', या एक लड़की कहती है—हम उनसे नहीं कह सकते कि वे हमारे लिए कुछ काम करें। नहीं! इसके बजाय वे लोग केवल हमसे काम लेते हैं, इसलिए स्वाभाविक रूप से वे हमसे ऊँचे वाले हैं... अगर हमने कोई शिकायत की तो वे हमें अपनी जमीन पर काम करने की अनुमति देने से इनकार कर देंगे; और फिर क्या, हम बस भूखे रहेंगे। (वही, 476)

कुछ-कुछ इसी तरह की बातें दीपांकर गुप्ता ने भी कही हैं। वह भी इस धारणा पर सवाल उठाते हैं कि जाति-व्यवस्था में सभी ने जाति के ब्राह्मणवादी दृष्टिकोण को अपनाया। तथाकथित मलिन रेखा के नीचे रहने वाली हर जाति

के पास अपनी उत्पत्ति के बारे में बताने के लिए एक कहानी है जो जाति विभाजन की कई तरीकों से व्याख्या करती है—

> उत्पत्ति की इन कहानियों में हमेशा व्यवसाय का पहलू नहीं होता है। बल्कि जब तथाकथित निचली जातियों की उत्पत्ति की कहानी बताई जाती है तो व्यावसायिक पहलू पर जोर दिया जाता है...तब व्यवसाय को विशेष रूप से अपमानजनक रूप में नहीं देखा जाता। व्यावसायिक मूल्यांकन और अन्य पहलुओं में भी व्यक्तिगत जाति की विचारधारा ब्राह्मणवादी सोच या विचार से काफी अलग है। (गुप्ता 1984 : 2003)

तथाकथित निम्न-जातियों ने भी उन कारणों को चुनौती दी, जिसे उनसे ऊपर की जातियों ने उनके पतन के बारे में दिया था—

> सच्चाई यह है कि कोई भी जाति, चाहे वह कितने भी निचले पायदान पर क्यों हो, अपने पतन के कारणों को स्वीकार नहीं करती है। हरिजन, जिस भी जाति के हैं, उच्च जाति के दृष्टिकोण को स्वीकार नहीं करते हैं कि उनका शरीर अशुद्ध तत्त्वों से बना है। (गुप्ता 2000 : 1)

दरअसल, पदानुक्रम की संरचना पर तो सवाल उठाया जाता है, लेकिन पदानुक्रम और मलिनता के विचार पर नहीं। गुप्ता कहते हैं—

> कोई भी जाति यह स्वीकार करने के लिए तैयार नहीं है कि उसके अपने सदस्य अपवित्र कर रहे हैं, बल्कि वे आसानी से आरोप लगाते हैं कि वास्तव में अन्य जातियाँ हैं, मलिन करती हैं। यह प्रवृत्ति तथाकथित अछूत जातियों के बीच भी है... (वही, 1-2)

रॉबर्ट डेलीगे द्वारा (Robert Deliege) देश के विभिन्न हिस्सों से अछूत समुदायों के बारे में एकत्र किये गए मूल किस्से भी गुप्ता की बातों को पुष्ट करते हैं।

हालाँकि, अछूत समुदायों के साथ लोकप्रिय ये 'मूल किस्से' अपने प्रारूप और प्रभाव में भिन्न हैं, उनमें से कोई भी जाति-व्यवस्था की उत्पत्ति के ब्राह्मणवादी पौराणिक कथाओं को नहीं मानता, जैसा कि 'मनुस्मृति' में प्रस्तुत किया गया है। यहाँ तक कि इन मूल-किस्सों, जाति की पदानुक्रमित वास्तविकता को 'तथ्य की बात' के रूप में स्वीकार किया गया है, लेकिन अछूत अपनी निम्न स्थिति के लिए अपने बारे में स्वाभाविक रूप से कुछ बुरा होने के रूप में आरोपित नहीं करते।

दिलचस्प बात यह है कि पूरे भारत में अछूत समुदाय अपनी निम्न हैसियत को एक 'गलतफहमी', 'एक चाल', 'एक यमक' या दूसरों की 'कुटिलता' के सन्दर्भ में व्याख्या करते हैं। (डेलीगे 1993 : 536) अछूतों के बीच लोकप्रिय मूल किस्सों ने उन्हें ब्राह्मण की तरह खुद के मूल रूप से श्रेष्ठ होने के तौर पर पेश किया, लेकिन उन्होंने कुछ एक या दूसरे कारणों से अपनी हैसियत खो दी। तमिलनाडु के पेरियारों में प्रचलित किस्सों में से एक, जिसे डेलीगे ने प्रस्तुत किया है, इस प्रकार है—

> शुरुआत में दो भाई थे जो गरीब थे। फिर वे भगवान से प्रार्थना करने के लिए एक साथ गए। भगवान ने उन्हें मृत गाय का शव हटाने के लिए कहा। बड़े भाई ने उत्तर दिया : 'एन्थेम्बिप्पन' (मेरा छोटा भाई ऐसा करेगा) लेकिन समझ गया : 'एन्थेम्बिप्पन' (मेरा छोटा भाई ब्राह्मण है); उसी दिन से, छोटा भाई ब्राह्मण (पप्पन) बन गया और बड़ा भाई पेरियार बन गया। सभी जातियाँ इन दोनों भाइयों से उत्पन्न होती हैं। (वही, 536)

इसी तरह, एक अन्य मानवविज्ञानी ने उत्तर प्रदेश के बारे में बताया कि खालापुर के सफाईकर्मियों को विश्वास नहीं था कि उनकी वर्तमान निम्न स्थिति किसी भी तरह से पिछले जन्मों के कर्मों की सजा है। इसके बजाय, उन्होंने इसे 'एक भयानक ऐतिहासिक हादसे' के रूप में देखा। इसी तरह बेरेमैन ने अपने फील्डवर्क से बताया कि उन्होंने जिनसे बात की उनमें से किसी ने यह नहीं

कहा कि वह पिछले जन्म में दुष्ट थे और अब वह अपने भले-बुरे गुणों का फल भोग रहे हैं। (बेरेमैन 1963 : 223) उन्होंने अपने उत्तरदाताओं को भाग्यवादी नहीं पाया। किसी ने भी यह कहकर अपनी 'निम्न' हैसियत की व्याख्या नहीं की कि उन्होंने हमेशा घटिया कार्य किया है। यह वही है जो वे करने के लिए बनाए गए थे और इसलिए वे अछूत थे। (वही, 223, मूल रूप में एकल उद्धरण)

यहाँ तक कि जब अछूतों ने खुद ही पदानुक्रम के विचार को स्वीकार किया और खुद के सम्बन्ध में इसको लागू किया, तो मलिन रेखा के नीचे के समुदायों में ब्राह्मणों के लिए उनकी कोई श्रद्धा नहीं थी। दक्षिण भारत के अछूतों ने ब्राह्मणों को 'लालची', 'आलसी', 'हास्यास्पद' और 'अपमानजनक' जैसे रूप में देखा। इसके विपरीत वे खुद को 'कृषि उपहार उपलब्ध कराने वाले शुभ व्यक्ति', 'उदार' और 'मेहनती' के रूप में देखते हैं। (डेलीगे 1993 : 541; लिंच 1969; ज्यूरफेल्ट और लिंडबर्ग 1975 : 219) डेलीगे, कैथलीन गॉफ की तंजौर जिले (तमिलनाडु) के अछूतों की जीवनी से एक दिलचस्प उद्धरण का हवाला देते हैं—

> एक दिन आदि-द्रविड़ स्ट्रीट में बैठकर मैंने पुराने पल्लारों के एक समूह से मिला... मैंने उनसे पूछा कि उन्हें क्या लगता है कि आत्मा मृत्यु के बाद कहाँ जाती है... वह समूह काफी मर्यादित हो गया... अपनी आँखों को पोंछते हुए एक बूढ़े व्यक्ति ने जवाब दिया, 'माँ, हमें नहीं पता! क्या आप जानती हैं? क्या आप वहाँ रही हैं?' मैंने कहा, 'नहीं, लेकिन ब्राह्मणों का कहना है कि अगर लोग इस जीवन में अपना कर्तव्य अच्छी तरह से निभाते हैं, तो उनकी आत्माएँ अगली बार उच्च जाति में पैदा होंगी।' तभी एक-दूसरे बुजुर्ग ने उपहास उड़ाते हुए कहा, 'ब्राह्मणों का कहना है!' 'ब्राह्मण कुछ भी कहते हैं। उनका सिर गोल-गोल घूमता है!' (डेलीगे 1993 : 533-4 में उद्धृत)

इन लेखनों का एक महत्त्वपूर्ण निहितार्थ यह है कि भले ही पदानुक्रम का विचार जाति के लिए केन्द्रीय हो, लेकिन धरातल पर एक भी पदानुक्रम नहीं है, जैसा कि ड्यूमॉन्ट जैसे विद्वानों द्वारा सुझाया गया है। एक बार जब हम कई

पदानुक्रमों की उपस्थिति को स्वीकार कर लेते हैं, तो जाति लम्बे समय तक पूरी तरह से बन्द प्रणाली नहीं रह जाती है। यह मुकाबले और मोलभाव की सम्भावनाओं को खोलती है, जो वास्तव में ऐतिहासिक तथ्य रहा है।

वर्तमान समय में छुआछूत

यह जगजाहिर है कि अतीत में जो भी रहा हो, आज के समय में पूर्व-अछूतों में ऐसे कम ही होंगे जो खुद को अशुद्ध मानते हों या अपने निम्न दर्जे को किसी पूर्व-जन्म के बुरे आचरण का फल मानकर न्यायोचित ठहराते हों (चार्स्ले और कारंत 1998)। छुआछूत के चलन के सम्बन्ध में दो सबसे महत्त्वपूर्ण चीजें घटित हुई हैं : (क) इसको कानूनी तौर पर अमान्य ठहराया जाना, (ख) ऊँच-नीच की व्यवस्था में जो भुक्तभोगी हैं उनकी चेतना में लगभग सम्पूर्ण बदलाव आना। लगभग हर जगह पूर्व-अछूत समुदाय अपने मानव और राजनीतिक अधिकारों के लिए बहुत ज्यादा मुखर हो गए हैं। (मेंडेलसन और विकजियानी 2000 : 1) 'आज ये सभी ज्यादा आरामदेह भौतिक स्थितियों की अकांक्षा रखते हैं; सभी ज्यादा सम्मान चाहते हैं।' (डेलीगे 1999 : 1)

आर्थिक विकास, शहरीकरण और राजनीतिक बदलाव की प्रक्रिया ने भी सामाजिक अन्तरक्रिया के नये दायरे बनाए, जो जाति-मुक्त होने या सभी के लिए खुले होने के हिसाब से निर्मित थे। गरालन, गाँवों तक पहुँची सार्वजनिक परिवहन प्रणाली, राज्य-पोषित प्राथमिक एवं उच्च शिक्षा, स्वास्थ्य देखभाल, और कई अन्य आधुनिक सेवाएँ सभी के लिए उपलब्ध कराई गईं, चाहे उनका जाति-धर्म कुछ भी हो। इनमें से कुछ आधुनिक व्यवस्थाएँ जैसे नलके का पानी, सामुदायिक कुएँ जैसी पारम्परिक रूप से उपलब्ध सेवाओं का विकल्प बन गईं। इन नई व्यवस्थाओं में भी जाति का तत्त्व घुस आने के बावजूद, इसकी मौजूदगी पहले से कम थी। उदाहरण के लिए, 1970 के दशक के शुरुआती हिस्से में आई.पी.देसाई द्वारा गुजरात में किये एक सर्वेक्षण में पाया गया कि ग्रामीण इलाकों में छुआछूत का चलन काफी होने के बावजूद, बस यात्रा,

डाकघरों और स्कूलों में यह चलन बहुत कम था। हालाँकि, 'निजी' दायरे में इसका चलन कहीं ज्यादा था। 90 प्रतिशत गाँवों में अछूतों का ऊपरी जातियों के घरों में घुसना मना था। गुजरात की ग्राम पंचायतों में बैठने की व्यवस्था में भी छुआछूत का व्यापक चलन था।

आई.पी. देसाई के गुजरात सर्वेक्षण के 25 साल से अधिक समय के बाद, 2001-02 के दौरान देश के 11 राज्यों की ग्रामीण बसाहटों में किये गए एक अखिल भारतीय सर्वेक्षण में पाया गया कि जाति की जमीनी हकीकत यकीनन बदलते रहने के बावजूद, छुआछूत का चलन पूरी तरह खत्म नहीं हुआ था। ज्यादा महत्त्वपूर्ण बात यह है कि शायद, अछूतों के बड़े हिस्से के सामाजिक और आर्थिक हालात में कोई बड़ी राहत नहीं आई है। सर्वेक्षण ने बताया कि—

> छुआछूत पूरे ग्रामीण भारत में न सिर्फ मौजूद है, बल्कि नई सामाजिक-आर्थिक हकीकतों के मुताबिक ढलकर यह खुद को बचाने में समक्ष है और नये व ज्यादा गुपचुप रूप ग्रहण कर रहा है।

समकालीन भारत, खासकर देहात, में दलित होने के अनुभव में छुआछूत अब भी एक महत्त्वपूर्ण अवयव बना हुआ है। (शाह और अन्य 2006 : 15-16)

हालाँकि जाति और पेशे का रिश्ता बीते अनेक सालों में काफी कमजोर हुआ है और लगभग सभी जातियों के पेशों में विविधता आई है, लेकिन जो पेशे पूर्व-अछूत जातियों की पहचान से जुड़े हैं वे आज भी ज्यादातर उन्हीं के द्वारा किये जा रहे हैं। उदाहरण के लिए, जो लोग सफाई के पेशे से पहचाने जाते हैं उनमें से बहुत थोड़े ही अपने पारम्परिक पेशे के जरिये रोजी-रोटी कमा रहे हैं, इसके बावजूद अधिकांश सफाईकर्मी उन्हीं जातीय समुदायों से हैं जो इस पेशे के लिए पहचाने जाते हैं। भारतीय समाज में इन पेशों की हैसियत निचले दर्जे की होने के अलावा, इनमें पैसा कम और अक्सर जोखिम ज्यादा होता है।

500 से ज्यादा गाँवों से आँकड़े इकट्ठा कर किये गए एक सर्वेक्षण ने बताया कि लगभग सब जगह ग्रामीण बसाहटें जाति के आधार पर बँटी हैं, खासकर पूर्व-अछूतों के सम्बन्ध में। लगभग सभी जगह वे मुख्य बसाहट से दूर रहते हैं और प्रभावशाली/ऊपरी जातियाँ मुख्य गाँव में उनके आने-जाने पर

अब भी पाबन्दियाँ लगाना जारी रखी हुई हैं। अध्ययन किये गए गाँवों में से 48 प्रतिशत से ज्यादा में, पूर्व-अछूत समुदायों को गाँव के साझा जल स्रोत से पानी लेने की अनुमति नहीं थी। इसी तरह, लगभग एक-तिहाई गाँवों में, स्थानीय चाय की दुकानें और ढाबे पूर्व-अछूत समुदायों से आने वाले ग्राहकों के लिए अलग बरतन का इस्तेमाल करते थे। 70 प्रतिशत से ज्यादा गाँवों ने पूर्व-अछूतों के साथ बैठकर खाने पर पाबन्दी लगा रखी थी और उनका ऊपरी जातियों के घरों में घुसना भी मना था। 60 प्रतिशत से ज्यादा गाँवों में उन्हें मन्दिरों में घुसने की मनाही थी। तकरीबन एक-चौथाई गाँवों में उनके पास ऊपरी जाति के लोगों की मौजूदगी में खड़े रहने के अलावा कोई विकल्प नहीं था। (वही) भारत के कुछ हिस्सों में और सामाजिक जीवन के कुछ दायरों में यकीनन छुआछूत के चलन को नकारा गया है, फिर भी इसके जारी रहने की घटनाएँ भी पर्याप्त हैं।

छुआछूत से अत्याचार तक

आर्थिक विकास और सामाजिक बदलाव की उत्तरोत्तर प्रक्रिया का एक महत्त्वपूर्ण नतीजा जाति आधारित ऊँच-नीच की पारम्परिक व्यवस्था का विखंडन और जाति प्रणाली को मजबूती देने वाले वैचारिक उपकरणों का कमजोर होना है। बदलाव की इस प्रक्रिया का एक स्वाभाविक नतीजा छुआछूत के चलन में कमी आना रहा है। हालाँकि, इन बदलावों के बावजूद गैरबराबरी कायम है। प्रभातशाली जातीय समुदाय सामाजिक सम्बन्धों का लोकतंत्रीकरण बाधित करता है और पूर्व-अछूतों के बीच स्व-दावेदारी और नागरिक दर्जे के लिए बढ़ती आकांक्षा को उदारतापूर्वक नहीं लेता है। इस तरह, छुआछूत के पुराने स्वरूपों में कमी आने के बावजूद, दलितों पर स्थानीय प्रभावशाली जातियों द्वारा अत्याचार की घटनाएँ बनी हुई हैं, और कुछ मामलों में तो यह हैवानियत भरी हो जाती है। (मेंडेलसन और विकजियानी 2000; बेते 2000; शाह 2001) यहाँ तक कि जब पुराने जाति-सम्बन्धों का कोई आर्थिक मतलब नहीं रह गया है, और पूर्व-अछूत जाति-आधारित अर्थव्यवस्था पर निर्भर नहीं रह गए हैं, तब भी स्थानीय प्रभावशाली जातियाँ उनकी पारम्परिक जातीय सीमाओं को बनाए रखने पर जोर देती हैं।

ऐतिहासिक रूप से हाशिये पर अवस्थित लोगों की किसी दावेदारी को हद लाँघना समझा जाता है और इसकी प्रतिक्रिया प्रभावशाली जातियों की ओर से हमेशा हिंसा के रूप में होती है।

दलित दावेदारी से निपटने और उन्हें 'सबक सिखाने' के सबसे लोकप्रिय तरीकों में से एक है, गाँव में प्रभावशाली जातियों द्वारा पूरे पूर्व-अछूत समुदाय का बहिष्कार। ग्रामीण भारत में पूर्व-अछूत भूमिहीन भी रहे हैं और इस तरह वे अपने आर्थिक निर्वाह के लिए प्रभावशाली जातीय समुदायों पर निर्भर रहे हैं। सामाजिक बहिष्कार के मायने हैं कि गाँव में कोई रोजगार नहीं मिलना। उन्हें गाँव की उन साझा सम्पत्तियों के इस्तेमाल से भी रोक दिया जाता है, जिनका इस्तेमाल गरीब लोग पारम्परिक रूप से चारा और जलावनी लकड़ी इकट्ठा करने के लिए करते रहे हैं। यहाँ के स्थानीय स्कूल में बच्चों को भेजने में भी उन्हें मुश्किल का सामना करना पड़ सकता है। अगर यह बहिष्कार लम्बे समय तक चलता है, तो इसका निचले समुदायों पर दूरगामी नकारात्मक असर होता है। इस तरह के बहिष्कार की खबरें देश के विभिन्न हिस्सों से आती रही हैं और कुछ मामलों में ये साल भर से ऊपर भी चल सकते।

सामूहिक सामाजिक बहिष्कार के अलावा, पूर्व-अछूत सीधी हिंसा भी झेलते हैं। अक्सर इसका रुख पूरे समुदाय की ओर होता है, उनके खिलाफ भी जो दलित दावेदारी आन्दोलनों में शामिल नहीं होते। यह एक 'बेलगाम बदला' होता है। (मेंडेलसन और विकजियानी 2000; गॉरिन्जे 2005) साल-दर-साल इस तरह की हिंसा की खबरें बढ़ी हैं। दलितों के खिलाफ बड़े-पैमाने पर हिंसा के शुरुआती मामलों में से एक, दिसम्बर, 1968 में तमिलनाडु के तंजावुर जिले के किल्वेनमनी से रिपोर्ट किया गया था, जहाँ 42 दलितों को जलाकर मार दिया गया था, क्योंकि उन्होंने कम मजदूरी के खिलाफ खुद को एकजुट करने और विरोध करने का फैसला लिया था। इन सबको एक झोंपड़ी में बन्द करके आग लगा दी गई थी। इसी तरह की एक घटना 1977 में बिहार के धरमपुरा गाँव में घटी, जहाँ जमीन मालिकों ने चार 'अछूत' बँटाईदारों को मार डाला, क्योंकि वे जिस जमीन को दशकों से जोत रहे थे उस पर से अपना कानूनी दावा छोड़ना नहीं चाह रहे थे।

दलितों पर हमला हमेशा आर्थिक कारणों से नहीं होता। वैसे तो 'कुछ मामलों में हिंसा ऊपर से आर्थिक वजह के चलते लगती है, लेकिन ऐसे बहुत से मामले हैं जिनमें हिंसा 'अछूतों' द्वारा पारम्परिक रीतिगत नियमों को चुनौती दिये जाने का नतीजा रही है।' (जोशी 1982 : 676)

आंध्र प्रदेश में करमचेदु नामक जगह पर 1985 में सात दलितों की प्रभावशाली कम्मा लोगों ने हत्या कर दी, क्योंकि दलित गाँव के उस तालाब में ऊपरी जातियों के अपने मवेशी धोने का विरोध कर रहे थे जहाँ से वे पीने का पानी लेते थे। आंध्र प्रदेश राज्य में ही एक और घटना 1991 में घटी, जब नौ दलितों को स्थानीय जमींदारों ने मामूली वजह के लिए मार डाला। 2006 में महाराष्ट्र के खैरलांजी में एक दलित किसान के पूरे परिवार की हत्या प्रभावशाली जाति के लोगों के एक समूह द्वारा कर दी गई थी, क्योंकि उसने उन लोगों के खिलाफ उत्पीड़न और शारीरिक हमले की शिकायत स्थानीय पुलिस में दर्ज कराई थी। (मोहंती 2007)

नजर में आने लायक इन मामलों के अलावा, पूर्व-अछूत रोज-रोज विभिन्न तरह की हिंसा और अपमान झेलते हैं, जो व्यक्तियों की पिटाई से लेकर बलात्कार, हत्या और विभिन्न तरह की मानसिक यंत्रणा तक हो सकता है। प्रभावशाली जाति की महिला से शादी करने पर नौजवान दलित पुरुष 'ऑनर किलिंग' (इज्जत के नाम पर हत्या) का शिकार भी बनते रहे हैं। दलितों के खिलाफ बड़ी संख्या में जाति-सम्बन्धी अपराधों का रिपोर्ट होना जारी है (देखें, तालिका-1)। ये सभी रिपोर्ट हुए अपराध हैं। भारत में जिस तरह की सामाजिक प्रणाली मौजूद है, उसमें अपराध के सभी मामले पुलिस में दर्ज नहीं हो पाते। छुआछूत के चलन का जारी रहना (भले ही पहले से थोड़ी नरमी आयी हो) और दलितों के खिलाफ अत्याचार की अक्सर आने वाली खबरें, भारतीय समाज के सामाजिक ढाँचे और वृहत्तर अर्थव्यवथा में दलितों के हाशिये की स्थिति में बने रहने को साफ दिखाते हैं।

पूर्व-अछूतों के खिलाफ हिंसा की घटनाओं के लिए सबसे ज्यादा उद्धृत किया जाने वाला कारण है, पारम्परिक रूप से प्रभावशाली समुदायों पर अब भी निर्भरशील होने के बावजूद उनकी बढ़ती दावेदारी।

तालिका-1

अनुसूचित जातियों के खिलाफ अपराध की तुलनात्मक घटनाएँ

क्र. सं.	अपराध शीर्षक	2001	2002	2003	2004	2005	2005 में % भिन्नता 2004 से अधिक
1.	हत्या	763	739	581	654	669	2.3
2.	बलात्कार	1,316	1,331	1,089	1,157	1,172	1.3
3.	अपहरण एवं अपहरण	400	319	232	253	258	2.0
4.	डकैती	41	29	24	26	26	0.0
5.	डकैती	133	105	70	72	80	11.1
6.	आगजनी	354	322	204	211	210	-0.5
7.	चोट	4,547	4,491	3,969	3,824	3,847	0.6
8.	नागरिक सुरक्षा अधिकार अधिनियम	633	1,018	634	364	291	-20.0
9.	एससी/एसटी (रोकथाम अत्याचार) अधिनियम	13,113	10,770	8,048	8,891	8,497	-4.4
10.	अन्य	12,201	14,383	114,351	11,435	11,077	-3.1
	कुल	33,501	33,507	26,252	26,887	26,127	-2.8

स्रोत : भारत में अपराध 2005, राष्ट्रीय अपराध रिकॉर्ड ब्यूरो, गृह मंत्रालय, ग्यारहवीं पंचवर्षीय योजना के अनुसार, खंड 1, योजना आयोग। http://planningcommission.nic.in/plans/planrel/ fiveyr/11th/ 11_v1/11th_vol-1.pdf (पृ. 103) पर उपलब्ध, 20 अक्टूबर, 2009 को एक्सेस किया गया।

सम्मान के लिए पूर्व-अछूतों की दावेदारी का लम्बा और गतिशील इतिहास है, और यह भारतीय समाज में और जाति के सामाजिक अनुक्रम में आ रहे बदलाव की बृहत्तर प्रक्रिया को प्रतिबिंबित करता है। अब अगले अध्याय में जाति के सामाजिक पदानुक्रमों की बदलती प्रकृति पर फोकस करेंगे।

जाति-व्यवस्था को मिल रही चुनौतियाँ

जाति की संस्था लगभग सार्वभौमिक रूप से सामाजिक संगठन की एक पुरातनपंथी प्रणाली के रूप में देखी गई है। जैसा कि हम पहले अध्याय में देख चुके हैं, क्लासिकल समाजशास्त्रीय और सामाजिक मानवशास्त्रीय साहित्य ने जाति की बराबरी पारम्परिक सामाजिक जीवन से की है, सामाजिक स्तरीकरण की एक बन्द व्यवस्था के आदर्श उदाहरण के रूप में। यहाँ तक कि पारम्परिक संस्थाओं में भी, जाति को सबसे गैर-लचीली, कभी न बदलने वाली, और हिन्दू सामाजिक जीवन के लगभग हर पहलू को घेरे रखने वाली चीज के रूप में देखा जाता है। जैसी कि भारतीय समाज में आम समझ व्याप्त है, जातियों का जन्म प्राचीन अतीत में हुआ। इसकी अपनी सामाजिक दुनिया, भारतीय गाँव तो है ही, इसने हर तरह की राजनीतिक उथल-पुथल में खुद को बचाया है। जाति और भारतीय समाज की यह समझ 19वीं सदी में भारतीय सभ्यता के साथ छिटपुट यूरोपीय अनुभवों का नतीजा थी। 'मुख्यधारा' के समाजशास्त्रीय साहित्य में, इस विषय पर इस दृष्टिकोण के सबसे प्रभावशाली वक्तव्यों में से एक, कार्ल मार्क्स द्वारा दिया गया है। भारतीय गाँव और जाति-व्यवस्था पर अपने नजरिये को पेश करते हुए, मार्क्स लिखते हैं—

> ...कि ये छोटे-छोटे समुदाय जातीय विभेदों से और दासता से दूषित थे, कि इन्होंने मनुष्य को हालात का मालिक बनने की ऊँचाई पर पहुँचाने के बजाय मनुष्य को बाहरी हालात का दास बनाया,

> कि इन्होंने स्व-विकासशील सामाजिक स्थिति को कभी न बदलने वाली कुदरती नियति बना दिया... (1853)

इस सन्दर्भ में, भारतीय समाज के रूपांतरण में ब्रिटिश औपनिवेशिक राज के ऐतिहासिक महत्त्व को रेखांकित करते हुए भी, मार्क्स आगे कहते हैं—

> ... इंग्लैंड के चाहे जो अपराध रहे हों, वह...क्रान्ति लाने में इतिहास का एक अचेतन औजार था। (वही)

> यकीनन मार्क्स ऐसे इकलौते नहीं थे जिन्होंने जाति को भारत के अवधारित सामाजिक और आर्थिक 'ठहराव' के स्रोत के रूप में देखा। वह वही बात कह रहे थे जो 19वीं सदी के दौरान पश्चिमी यूरोप में भारतीय समाज के बारे में एक आम समझ बन चुकी थी। बदलाव की प्रक्रिया को धीमा करने, या यहाँ तक कि बाधित करने में जाति की बेहद अहम भूमिका देखी जाती थी, क्योंकि यह उनके कर्म, उनकी नियति के हिस्से के रूप में भारतीयों से उनके हालात को स्वीकार कराती थी, चाहे वे शोषक और हताशाजनक ही क्यों न हों। इस सैद्धान्तिकी का कृषि इतिहास तक विस्तार करते हुए, समकालीन भारत के मशहूर इतिहासकार बैरिंगटन मूर जूनियर, औपनिवेशिक और पूर्व-औपनिवेशिक काल के दौरान भारतीय किसानों की अपेक्षाकृत उदासीनता का श्रेय 'किसान समाज की विशिष्ट संरचना, जाति-व्यवस्था के जरिये इसके गठित होने' को देते हैं। (1966 : 315)

मुख्य समाज विज्ञानों, जैसे अर्थशास्त्र, समाजशास्त्र और राजनीतिशास्त्र में, भारतीय समाज की यह समझ उन तरीकों में बिलकुल खुले रूप में है जिनके तहत उत्तर-द्वितीय विश्वयुद्ध काल में आधुनिकीकरण और विकास की 'सांस्कृतिक पूर्व-शर्तें' गढ़ी गईं। उन सभी ने रेखांकित किया कि अगर भारत को पश्चिमी देशों की तरह एक 'आधुनिक' और लोकतांत्रिक समाज बनना है

तो उसे जाति जैसी पारम्परिक संस्थाओं को खत्म करना होगा। (उदाहरण के लिए देखें, इंकेल्स और स्मिथ 1974)

जाति को लेकर इस 'पश्चिमी' नजरिये को 'आधुनिक भारतीयों' ने भी आत्मसात् किया था। उदाहरण के लिए, भारत के पहले प्रधानमंत्री, एक प्रतिनिधिकारी आधुनिक भारतीय, जवाहरलाल नेहरू ने 'जाति-व्यवस्था और इसके साथ चलने वाली तमाम चीजों' को 'पूरी तरह अनुपयुक्त, प्रतिगामी, प्रतिबन्धकारी और प्रगति में अवरोधक' के रूप में वर्णित किया। (नेहरू 1946 : 257) 1950 व 1960 के दशक के एक औसत मध्यवर्गीय भारतीय के लिए, 'जाति उन चंद पारम्परिक संस्थाओं में थी जिन्हें बिलकुल खराब, बिना किन्हीं अच्छाइयों वाली 'सामाजिक बुराइयों' के रूप में पेश किया गया।' (देशपांडे 2003 : 1998) इस तरह, भारतीय गाँवों और जाति के अनुसार श्रम-विभाजन आधारित इनके सामाजिक गठन के गांधी द्वारा बचाव के बावजूद, जाति के विचार को स्वतंत्रता-पश्चात भारतीय राज्य में कोई पैरवीकार नहीं मिल सका। स्वतंत्रता-पश्चात भारतीय राज्य के 'जाति के खात्मे' के लिए कोई क्रान्तिकारी उपाय नहीं करने के बावजूद, उसने उन असमानताओं और बहिष्कारों में कमी लाने के उपाय शुरू किये जो जाति की वजह से उत्पन्न माने जाते थे। उसने कानूनी, प्रशासनिक और विकास सम्बन्धी उपायों के जरिये ऐसा किया। इन उपायों का शुक्र है कि जाति की संस्था पिछली सदी और उसके बाद यकीनन काफी बदलाव देख चुकी है।

हालाँकि, केवल पिछली सदी के दौरान जाति संस्था में बदलाव नहीं देखे गए हैं। जैसा कि मैंने पूर्व के अध्यायों में यह तर्क रखने की कोशिश की है, जाति कभी अटल नहीं रही है। किसी अन्य सामाजिक संस्था की तरह, जाति का भी एक तरल ढाँचा रहा है। ऐसा व्यवहार-सिद्ध भी है और अवधारणात्मक रूप से भी है। यकीनन यह बात सही नहीं है कि जाति-व्यवस्था सदियों तक जस की तस बनी हुई थी और यह केवल 19वीं और 20वीं सदी में ब्रिटिश औपनिवेशिक शासन के तहत भी बदलनी शुरू हुई। जाति का सामाजिक गठन बदलती राजनीतिक व्यवस्था के साथ बदलता रहा है।

इसी तरह, इतिहासकार दिखा चुके हैं कि तथाकथित 'भारतीय गाँव' की अर्थव्यवस्था कभी ठहरी हुई नहीं थी, और जैसे-जैसे आर्थिक व्यवस्थाएँ बदलीं, जातीय सम्बन्धों में भी बदलाव आया। (उदाहरण के लिए देखें, निएल 1962; हबीब 1963) यह अध्याय उन शक्तियों से एक संक्षिप्त परिचय कराता है जो जातीय पदानुक्रम के विचार के खिलाफ, नीचे से और ऊपर से काम करती हैं। ब्रिटिश के पश्चिमी शिक्षा और आधुनिक तकनीक लाने के काफी पहले, इतिहास में ऐसे कई दृष्टान्त मौजूद रहे हैं जब जाति को चुनौती दी गई थी। ये प्रतिवाद क्षेत्रीय स्तर पर और उससे परे भी सामाजिक सम्बन्धों में गहरा बदलाव लेकर आए।

नीचे से हुई पहलकदमियाँ

बहुत सारे ऐतिहासिक और मानवशास्त्रीय शोध दिखाते हैं कि वैचारिक सहमति के दावों के बावजूद, जो लोग पदानुक्रम के निचले छोर पर थे उन्होंने इसे पूर्व जन्म के कर्म का स्वाभाविक नतीजा मानते हुए जाति-व्यवस्था में अपने स्थान को हमेशा स्वीकार नहीं किया। उन्होंने अक्सर इसके लिए दूसरों के छल-छद्म भरे कामों को जिम्मेदार ठहराया। दूसरे शब्दों में कहें तो 'संस्कृतीकरण' ही अकेला तरीका नहीं था जिसके जरिये सामाजिक व्यवस्था में विभिन्न समूहों ने जाति पदानुक्रम में अपना स्थान बदला होगा। राजनीतिक और भौतिक संघर्षों ने भी अपनी भूमिका निभाई होगी। इसी तरह, बदलती आर्थिक और जनसांख्यिकीय हकीकतों ने भी जाति की सामाजिक व्यवस्था को प्रभावित किया होगा।

दिलचस्प है कि विभिन्न विरोध आन्दोलन और जाति का प्रतिवाद हमेशा ही धार्मिक रूप में प्रकट हुए। जाति-व्यवस्था के खिलाफ शायद पहला बड़ा आन्दोलन प्राचीन काल में बौद्धमत का उत्थान था। बौद्धमत के संस्थापक गौतम बुद्ध ने मानव-जाति की एकता को रेखांकित किया। उन्होंने मत प्रकट किया कि सभी मनुष्यों, चाहे वे किसी जाति या विश्वास के हों, के जीवन की मुश्किलें एक-सी हैं। बुद्ध ने निर्वाण का एक आठसूत्री मार्ग पेश किया। कर्मकांडीय बलि व ब्राह्मणों की पुरोहिताई को खारिज कर और निर्वाण प्राप्ति के लिए लोगों के

खुद प्रयास करने पर जोर देकर, उन्होंने प्रचलित सामाजिक और राजनीतिक व्यवस्था को पुनर्जीवित और पुनर्गठित किया। (कीर, घुमान 2011 : 12-13 में उद्धृत) उस समय के ब्राह्मणवाद से उलट, 'बुद्ध ने मुक्ति की सम्भावनाओं में सभी के लिए अनिवार्य समानता की शिक्षा दी।' (क्लोस्टरमेयर : 13, उसी स्रोत में उद्धृत) बुद्ध की विचारधारा न सिर्फ लोकप्रिय हुई, बल्कि यह अशोक जैसे शासकों के अधीन प्राचीन भारत में राज्य धर्म भी बन गया। वह भारत की जमीन थी जहाँ से बौद्धमत ने एशिया के विभिन्न हिस्सों की यात्रा की। हालाँकि, विभिन्न ऐतिहासिक कारणों से, कई सदियों तक इस क्षेत्र में एक महत्त्वपूर्ण विश्वास के रूप में बने रहने के बाद बौद्धमत ने अपना प्रभाव खो दिया।

जाति-व्यवस्था और ब्राह्मणों की सर्वोच्चता को तथाकथित मध्यकाल में फिर से संत कवियों जैसे कबीर, रविदास, नानक, आदि के द्वारा चुनौती दी गई। इन संतों में से कुछ, जैसे रविदास और कबीर (लेले 1981; लॉरेन्जेन 1987), के बारे में माना जाता है कि ये उन समुदायों से आते हैं जो पारम्परिक जातीय पदानुक्रम में एकदम तली के करीब थीं। बिलकुल बुद्ध की तरह ही, उन्होंने भी ब्राह्मणवादी रूढ़िवादिता की आलोचना की और समानता एवं सम्मान के सार्वभौमिक मूल्यों की वकालत की। उन्होंने कहा कि भगवान ने जाति का भेद नहीं बनाया है, न ही वह ब्राह्मणों द्वारा प्रचारित कर्मकांड को पसन्द करता है। उनके कुछ पद ब्राह्मणों और ब्राह्मणवादी विचारधारा पर सीधा प्रहार करते हैं। कबीर के एक पद में यह बिलकुल खुले रूप में है। प्रस्तुत है उसका भावार्थ—

पंडित, ज्ञान के लिए अपने दिल में झाँककर देखो और बताओ कि जिस छुआछूत में तुम विश्वास करते हो, वह कहाँ से आया।

हम छूकर खाते हैं, हम छूकर धोते हैं
एक छुअन से ही दुनिया का जन्म हुआ था।
तो बिना छूत का कौन है? कहते हैं कबीर
केवल वह जिस पर माया का दाग नहीं है।

सब एक ही चमड़ी और हड्डी है, एक ही मूत्र और मल है
एक खून, एक मांस जो एक बूँद, एक ब्रह्मांड से है।
तो ब्राह्मण कौन है? शूद्र कौन है?

(घुमान 2011 : 14 में)

इसी तरह, रविदास का भी जन्म वर्तमान उत्तर प्रदेश के बनारस शहर के पास 'नीची' जाति के चमार परिवार में हुआ था। उन्होंने एक काल्पनिक संसार की अवधारणा निर्मित की जहाँ सभी के साथ बराबरी और निष्पक्षता का व्यवहार किया जाता था। उनके पद 'बेगमपुरा' में बिना दुख के एक शहर की कल्पना है, 'जहाँ कोई तकलीफ नहीं होगी, कोई कर नहीं, आने-जाने की कोई पाबन्दी नहीं।' पूरे पद का भावार्थ कुछ इस प्रकार है—

दुख से मुक्त नाम वाले उस शहर को बे-गमपुरा कहते हैं,
वह जगह जहाँ कोई तकलीफ नहीं, कोई कर या फिक्र नहीं,
न ही अपनी कोई जायदाद है,
कोई खता नहीं, खौफ या जोर-जुल्म नहीं, (अवनति का) डर नहीं।
हे मेरे भाइयो! अब मैंने वह सुन्दर देश पा लिया है
जहाँ सब कुछ खैर से है।
वह बादशाहत समृद्ध और सुरक्षित है,
जहाँ कोई दोयम या सोयम नहीं—सभी एक हैं
जो सदा आबाद और मशहूर है,
और जो वहाँ रहते हैं वे दौलतमन्द और तृप्त हैं
जो चाहे काम (व्यवसाय) करते हैं
जहाँ इच्छा होती है आते हैं, जाते हैं
महल (शासक) से जुड़े लोग किसी के रास्ते में बाधक नहीं बनते
इस तरह रविदास, जो चमार है, ने मुक्ति पा ली है
और इसमें जो भी मेरे हमराह हैं मेरे मित्र हैं

इस परम्परा के एक और कवि कर्मा मेला हैं, जो महार दलित और 14वीं सदी के महाराष्ट्र के संत कवि चोका मेला के पुत्र थे। उन्होंने और भी कठोर शब्दों में अपने गुस्से का इजहार किया है :

तुमने हमें अशुद्ध बनाया
मुझे नहीं मालूम क्यों भगवान
हमने पूरी जिन्दगी जूठन खाई क्या यह तुम्हें तकलीफ नहीं देता
हमारा घर चावल और दही से भरा है
चोखा का पुत्र कर्मा मेला पूछता है कि तुम इसे ठुकराते क्यों हो
तुमने मुझे जन्म क्यों दिया?

(मेंडेलसन और विकजियानी 2000 : 24 में)

रविदास और कबीर जैसे संत कवियों ने बड़ी संख्या में अनुयायियों को आकर्षित किया। उनके लेखन के प्रभाव का एक सबूत यह है कि सिख गुरुओं ने उनके लेखन को उस पवित्र पुस्तक में शामिल किया जिसे वे 16वीं और 17वीं सदी के दौरान संकलित कर रहे थे। समकालीन दलित आन्दोलन में लोगों को प्रेरित करने के लिए, 1970 के दशक और 1980 के दशक में, एक्टिविस्टों ने इन लेखनों और प्रतीकवादों में से कुछ की पुनर्खोज का काम शुरू किया। (देखें, जोधका 2009; ओम्वेट 2008)

आधुनिक दौर के सुधारवादी आन्दोलन

ब्रिटिश औपनिवेशिक काल के दौरान नये उभर रहे मध्यवर्ग द्वारा शुरू किये गए धार्मिक सुधार आन्दोलनों ने भी हिन्दू पारिवारिक जीवन और जाति-व्यवस्था में सुधार के सवालों को खड़ा किया। हिन्दू धर्म में सुधार की उनकी बुनियादी प्रेरणा 'निचली' जातियों के ईसाई बन जाने के सम्भावित खतरे, और 'सभ्य संस्कृतियों' के पश्चिमी मानदंडों पर खरा उतरने की बेताबी से प्रेरित थी, इसके बावजूद जाति की संस्था और उसके चलन को लेकर इन आन्दोलनों के दूरगामी नतीजे हुए, हालाँकि जाति-व्यवस्था में हाशिये के लोगों के लिए

यह हमेशा सकारात्मक रूप में नहीं रहा। इस श्रेणी में सबसे महत्त्वपूर्ण और प्रभावशाली आन्दोलनों से एक 'नव-वेदान्तवादी' आर्य समाज आन्दोलन था।

हिन्दू धर्म को मजबूत करने और 'निचली' जातियों के धर्मान्तरण को रोकने के मसकद से, आर्य समाज ने हिन्दुओं में मौजूद कई चलनों की आलोचना की, जिनमें छुआछूत का चलन भी अक्सर शामिल रहता था। इसके संस्थापक स्वामी दयानंद ने प्राचीन वैदिक धर्म तक पीछे जाने की वकालत की जिसमें अछूत हिन्दू धर्म का एक हिस्सा माने जाते थे। उन्होंने धार्मिक मामलों में ब्राह्मणवादी वर्चस्व पर प्रहार किया और हिन्दुओं में आधुनिक शिक्षा के प्रसार की जरूरत पर जोर दिया। उन्होंने धार्मिक शुद्धीकरण की एक प्रक्रिया 'शुद्धि' के जरिये निचली जातियों को हिन्दू समाज में समावेशित करने की वकालत की। अगर छुआछूत का चलन कर्मकांडीय अशुद्धता से हुआ है, तो धार्मिक कर्मकांड से इसे खत्म करके अछूतों को छूने-योग्य भी बनाया जा सकता है। यह आन्दोलन पंजाब में काफी लोकप्रिय हुआ और अध्येताओं द्वारा इसका अच्छे से दस्तावेजीकरण किया गया है। (दुआ 1970; शर्मा 1985; पिम्पले और शर्मा 1985)

शुद्धि आन्दोलन ने अछूतों के लिए क्या किया और हिन्दू समाज एवं उससे बाहर उनकी हैसियत में इससे क्या बदलाव आया? क्या इससे उन्हें हिन्दू धर्म में बराबरी दिलाने में मदद मिली?

पंजाब पर नजर डालते हुए, पिम्पले और शर्मा (1985) ने पाया कि यह आन्दोलन अछूतों के लिए कोई खास फर्क नहीं ला पाया, बल्कि इसने पंजाबी हिन्दू कुलीन वर्ग की धर्म के भीतर अपनी स्थिति और मजबूत करने में मदद की। 'पंजाबी हिन्दू कुलीन वर्ग काफी हद तक अछूत जातियों को वापस हिन्दू घेरे में लाने में सफल रहा और इस तरह उसने राजनीतिक ताकत बढ़ाई'। जहाँ तक अछूतों का सवाल है, पिम्पले और शर्मा ने पाया कि जो शुद्धि अनुष्ठान से गुजरे थे उनमें से ज्यादातर 'अब भी गरीबी और छुआछूत के दाग से जूझ रहे थे। उनका शैक्षणिक स्तर बहुत निम्न था। पेशे के रूप में वे कृषि मजदूर या निम्न-सम्मानित कामों में लगे थे। उनकी अलग-थलग बसाहट ऐसी थी कि दूसरी जातियों के साथ उनकी अन्तरक्रिया कम-से-कम रहे।

शायद, शुद्धि कराने के बावजूद, उन्हें वेदों के पढ़ने और जनेऊ धारण करने के प्रतीकात्मक अधिकार के सिवाय कुछ हासिल नहीं हुआ।' (वही, 98)

ज्यादा महत्त्वपूर्ण यह है कि, शायद हिन्दू धर्म में ब्राह्मणवादी रूढ़िवादिता की उनकी आलोचना के बावजूद, अछूतों का दर्जा ऊपर ले जाने के लिए आर्य समाज की रणनीति शुद्धता और अशुद्धता के खाँचे में ही बनाई गई थी। हालाँकि वे छुआछूत के चलन की निन्दा करते थे, पर वे वर्ण की अवधारणा को खारिज नहीं करते थे। शुद्धि की पूरी धारणा में, दर्जा ऊपर उठाने की कसौटी के रूप में कर्मकांडीय शुद्धता के विचार की ही पुष्टि निहित थी।

ऐसा ही मामला उस समय के कई अन्य सुधारवादी आन्दोलनों के साथ भी था। उदाहरण के लिए, उत्तर प्रदेश में आदि-हिन्दू आन्दोलन पर अपने काम में गुप्तु दिखाती हैं कि पंजाब में आर्य समाजियों की तरह, इसके नेताओं ने जाति-व्यवस्था पर सीधा प्रहार या हिन्दू धर्म की आलोचना नहीं की। (गुप्तु 2001) इस उप-महाद्वीप के दूसरे हिस्सों में भी ऐसे आदि आन्दोलन सामने आए। (देखें, शाह 1975; 2004) इन आन्दोलनों का प्राथमिक लक्ष्य शायद यह सुनिश्चित करना था कि अछूत हिन्दू धर्म में बने रहें और इस्लाम या ईसाइयत को न अपना लें। धार्मिक आधार पर कौमी भावनाओं में उभार के साथ जहाँ जनसांख्यिकीय आँकड़ों ने एक राजनीतिक अर्थ ग्रहण करना शुरू कर दिया था, उसे देखते हुए यह (अछूतों को हिन्दू धर्म में बनाए रखना) काफी महत्त्वपूर्ण हो गया था।

वैकल्पिक या क्रान्तिकारी आन्दोलन

वैकल्पिक या क्रान्तिकारी 'निम्न'-जाति आन्दोलनों की ऐतिहासिक यात्रा भी काफी कुछ सुधारवादी आन्दोलनों जैसी ही है। इनका भी उभार ब्रिटिश औपनिवेशिक काल के दौरान हुआ। असल में, इनमें से कुछ तो हिन्दू सुधार आन्दोलनों में से या फिर उनके जवाब में सामने आए। शायद इस श्रेणी में सबसे ज्यादा जाने जाते हैं, दक्षिण भारत (पांडियन 1996) और महाराष्ट्र के गैर-ब्राह्मण आन्दोलन (ओम्वेट 1976)। ये आन्दोलन ज्यादातर उन लोगों ने शुरू किये जिन्हें

'पिछड़ी जातियों' के रूप में जाना जाता था, जिसमें अछूत हमेशा शामिल नहीं होते थे। मगर, 'पिछड़ी जातियों' के आन्दोलन जातीय पदानुक्रम और ब्राह्मणवादी संस्कृति व सामाजिक व्यवस्थाओं की आलोचना नहीं करते थे। ऐसा करके, उन्होंने दलित आन्दोलनों के जन्म के लिए गुंजाइश बना दी। कोई आश्चर्य की बात नहीं कि बाद के दिनों के क्रान्तिकारी एवं स्वायत्त दलित आन्दोलनों का उभार उन इलाकों में हुआ जहाँ गैर-ब्राह्मण आन्दोलन काफी मजबूत रहे थे।

दक्षिणी राज्य तमिलनाडु की समृद्ध और ऊपर उठ रही ग्रामीण/किसान जातियों (राव 1979; अर्सचिक 1969) के सदस्यों द्वारा शुरू गैर-ब्राह्मण आन्दोलनों ने जीवन के सभी दायरों में ब्राह्मणों की सर्वोच्चता पर सवाल किया। बाद में, आन्दोलन के एक हिस्से ने पूरे हिन्दू-मत और धर्म की भी आलोचना की। उनके कुछ नेताओं ने खुले तौर पर नास्तिकता की वकालत की। यह महाराष्ट्र में हुआ कि पिछड़ी जातियों के आन्दोलनों ने पहली बार दलित आन्दोलन के लिए रास्ता बनाया (ओम्वेट 1976), जिसकी परिणति 1956 में बी.आर. आम्बेडकर के नेतृत्व में महाराष्ट्र के दलितों के एक हिस्से के बौद्धमत में धर्मान्तरित हो जाने के रूप में हुई। (विल्किन्सन और थॉमस 1972; जीलियट 1977; ओम्वेट 1976; 1994; जोशी 1986; बेल्त्ज 2005) इस आन्दोलन ने महाराष्ट्र के महार दलितों को गोलबन्द किया, जिसे नव-बौद्ध आन्दोलन के रूप में जाना गया। इस आन्दोलन ने समकालीन दलित अस्मिता को आकार देने में बेहद महत्त्वपूर्ण भूमिका निभाई और इसलिए इस पर कुछ विस्तार से चर्चा करने की जरूरत है।

1931 की औपनिवेशिक जनगणना के अनुसार, महाराष्ट्र की अछूत जातियों में सबसे बड़ी संख्या महारों की थी, और यह औपनिवेशिक प्रान्त की कुल आबादी का 11 प्रतिशत बनती थी (जबकि, सभी अछूत समुदायों की कुल आबादी 16.47 प्रतिशत थी)। एक जातीय समूह के रूप में, उसका आकार प्रभावशाली जाति मराठा (जो कि 20.2 प्रतिशत थे) के बाद दूसरा था। उन्हें अछूतों में गिना गया था लेकिन, जैसा कि जाफ्रलो ने इंगित किया है, (2004 : 20) स्थानीय स्तर पर उनकी हैसियत निचले लोगों में सबसे ऊपर थी।

बी.आर. आम्बेडकर का जन्म एक ऐसे महार परिवार में हुआ था जो औपनिवेशिक सेना में भर्ती से बहुत लाभान्वित हुआ था। छावनी इलाके में बड़े होने के चलते, आम्बेडकर जाति-व्यवस्था के ज्यादातर पूर्वग्रहों और हिंसा से बचे रहे जिसका सामना उनके अन्य महार साथी महाराष्ट्र के किसी आम ग्रामीण परिवेश में करते थे। हालाँकि, इस सच्चाई से वह बहुत समय तक नहीं बच सके। जाति आधारित पूर्वग्रहों और भेदभाव के खिलाफ संघर्ष आखिरकार उनकी मुख्य चिन्ता और आजीवन मिशन बन गया। इसी मिशन को पूरा करने के क्रम में उन्होंने धर्म बदल लिया था। धर्म के साथ उनका रिश्ता अपनी ही तरह का था। उन्होंने जातीय बँटवारे और ऊँच-नीच को वैधता देने के लिए एक धर्म, हिन्दू, की आलोचना की। लेकिन उन्होंने छुआछूत और हिन्दू धर्म के भीतर उनके समुदाय के लोगों पर थोपे गए अपमान को उखाड़ फेंकने के लिए दूसरे धर्म, बौद्ध, को गले लगाया। उन्होंने न केवल एक बुद्धिजीवी और हिन्दू धर्म के आलोचक की तरह काम किया, बल्कि एक सम्मानजनक अस्तित्व के लिए अपमानित लोगों को गोलबन्द करने में एक नेता और मिशनरी की भूमिका निभाई।

क्रिस्तोफ़ जाफ्रलो (2004; 2009) ने उन चार अलग-अलग रणनीतियों को चिह्नित किया जिनका इस्तेमाल उन्होंने अपने 30 साल लम्बे सक्रिय राजनीतिक जीवन में जातीय गैरबराबरी और छुआछूत के खिलाफ संघर्ष में किया। सबसे पहले, उन्होंने उन लोगों का एक वैकल्पिक इतिहास (एक ऐसा इतिहास जो उन्हें सम्मान बोध कराता हो और बिना न्यायसंगत ठहराए उनकी अधीनता की व्याख्या करता हो) प्रस्तुत कर, उनके लिए एक सम्मानजनक पहचान निर्मित करने की दिशा में काम किया। उनकी दूसरी रणनीति 'चुनावी राजनीति' में शामिल होनी थी। तीसरी महत्त्वपूर्ण रणनीति जिसका इस्तेमाल आम्बेडकर ने अपने लोगों को ऊपर उठाने के लिए किया, वह थी 'ब्रिटिश राज से कांग्रेस राज तक शासकों के साथ काम करना'। आखिरी, और सबसे महत्त्वपूर्ण रणनीति थी, अपने लोगों के साथ हिन्दूमत से निकलकर धर्मान्तरण करने का उनका फैसला।

बी.आर. आम्बेडकर ने नवबौद्ध आन्दोलन के इस उप-महाद्वीप के सभी दलितों का आन्दोलन होने की परिकल्पना की थी, मगर यह ज्यादातर महाराष्ट्र और उस महार समुदाय तक ही सीमित रहा जिससे आम्बेडकर ताल्लुक रखते थे। इसके अलावा जिन राज्यों में इसे कुछ समर्थन मिला वे तमिलनाडु (अलोसियस 1998) और उत्तर प्रदेश (जोशी 1977) रहे हैं। जो हो, बौद्धमत में धर्मान्तरण के सन्दर्भ में इसके सीमित प्रभाव के बावजूद, हिन्दू धर्म की आम्बेडकर की आलोचना को देश के दलित समुदायों में व्यापक स्वीकार्यता मिली है (जाफ्रलो 2004) और उनकी शख्सियत लगभग सब जगह दलित पहचान के प्रतीक के रूप में स्वीकार कर ली गई है। इसने उन्हें एक नये विश्वास का बोध कराया है, अछूत नहीं होने की एक नई पहचान दी है। (जेलियट 1970; 1977)

एक अन्य महत्त्वपूर्ण और असरकारी दलित आन्दोलन पंजाब में हुआ आदिधर्म आन्दोलन था। (जुर्गेन्समायर 1988) जुर्गेन्समायर का मत है कि आदिधर्म आन्दोलन इस क्षेत्र में ब्रिटिश औपनिवेशिक शासन द्वारा नये आर्थिक मौके खोले जाने का सीधा नतीजा था। इस क्षेत्र को फतह करने के बाद, ब्रिटिशों ने पंजाब के जालंधर शहर में एक छावनी स्थापित की, जिसने ब्रिटिश सेना की जरूरत के लिए बूट और जूते जैसे चमड़े के सामानों की माँग काफी बढ़ा दी। उस समय के मुस्लिम व्यापारी यह नई माँग पूरी नहीं कर सके। चमड़े के काम में पहले से लगे, स्थानीय दलित चमार समुदाय के कुछ उद्यमी लोगों ने इस नई स्थिति का फायदा उठाया और व्यापार में शामिल हो गए, जिससे पंजाब के दोआबा क्षेत्र के कुछ चमारों में समृद्धि आई। औपनिवेशिक शासकों और हिन्दू सुधारवादियों द्वारा धर्मनिरपेक्ष शिक्षा की शुरुआत ने भी ऊपर की ओर अग्रसर दलितों में एक राजनीतिक नजरिया विकसित करने में मदद की।

इसी तरह के एक उद्यमी दलित चमार की संतान मंगू राम ने अपनी आरम्भिक शिक्षा हिन्दू सुधारवादियों, आर्य समाजियों, द्वारा खोले गए स्कूल में ली थी। स्कूली शिक्षा पूरी होने के बाद, मंगू राम को उनके पिता ने रोजगार के लिए कैलिफोर्निया भेजा। हालाँकि, कुछ साल काम करने के बाद वह अपने समुदाय के लिए लौट आए। उन्होंने शुरुआत में आर्य समाज के साथ काम किया,

लेकिन जल्द ही वह उनसे अलग हो गए और उन्होंने अछूत समुदायों का अपना अलग आन्दोलन शुरू किया। उनका मत था कि अछूत अलग कौम, मुसलमानों, हिन्दुओं और सिखों की तरह अलग धार्मिक समुदाय थे, और यह कौम आदिकाल से, यहाँ तक कि हिन्दूमत के जन्म के पहले से मौजूद थी। (जुर्गेन्समायर 1988 : 45) उनकी रणनीति हिन्दूमत के बाहर अलग धार्मिक समुदाय का दर्जा हासिल कर जातीय ऊँच-नीच की व्यवस्था से बाहर निकलने की थी। जब 1931 की जनगणना होने को आई तो आदिधर्मियों ने माँग की कि उन्हें अलग धार्मिक समुदाय के रूप में दर्ज किया जाए, उन्हें हिन्दुओं के साथ न मिलाया जाए। दिलचस्प है कि औपनिवेशिक शासकों ने उनकी माँग मान ली।

1931 की पंजाब की जनगणना में 4,18,789 लोगों ने खुद को आदिधर्मी के रूप में दर्ज कराया था, जो उस प्रान्त में ईसाई आबादी के लगभग बराबर थी। वे पंजाब की कुल आबादी का तकरीबन 1.5 प्रतिशत और प्रान्त की कुल निम्न-जाति आबादी के दसवें हिस्से के आसपास थे। जालंधर और होशियारपुर जिलों की निचली जातियों में से 80 प्रतिशत के करीब ने खुद को आदिधर्मी दर्ज कराया। (वही, 77) हालाँकि वे अपनी पहचान सिख धर्म से अलग मानते थे, पर उन्होंने इसे धार्मिक और कर्मकांडीय जीवन के वैकल्पिक स्रोत के रूप में देखा। सिख-मत के साथ जुड़ना आसान था, क्योंकि यह न सिर्फ धर्मशास्त्रीय आधार पर जाति का विरोध करता था, बल्कि सिखों की पवित्र किताब, 'गुरु ग्रंथ', में रविदास की रचनाएँ भी शामिल थीं।

हालाँकि, अपनी सफलता के बावजूद यह आन्दोलन अपनी गति को लम्बे समय तक बनाए नहीं रख सका और 1931 की अपनी शानदार सफलता के बाद जल्द ही बिखरना शुरू हो गया। शायद इसकी सफलता में ही इसके पराभव का मुख्य कारण अवस्थित था। इसके नेता मुख्यधारा की राजनीति में शामिल हो गए। खुद मंगू राम पंजाब लेजिस्लेटिव असेंबली के लिए चुने गए। आरक्षण नीति लाए जाने पर यह जरूरी हो गया कि अनुसूचित जाति (एससी) का दर्जा पाने के लिए आदिधर्मी अपनी पहचान बतौर हिन्दू मानें। अन्त में नतीजा यह हुआ कि उन्हें पंजाब के चमार दलितों की एक उप-जाति माना जाने लगा।

फिर भी, इस आन्दोलन ने उसके सदस्यों में सम्मान का एक भाव और विश्वास पैदा किया, जिसका रूपान्तरण गतिशीलता के लिए नई ऊर्जा और आकांक्षा के रूप में हुआ। समकालीन भारत की अनुसूचित जातियों में जो सबसे गतिशील हैं, उनमें पंजाब के आदिधर्मी और रविदासी हैं।

अछूत से दलित तक

दलित चेतना का उदय और पारम्परिक सामाजिक व्यवस्था से छुटकारे के उनके प्रयत्न शायद ही कभी आसान या सरल मामला रहा। लगभग हर जगह, दलितों की दावेदारी ने उनके खिलाफ हिंसा या अत्याचार को न्योता दिया। (ओम्वेट 1995 : 73) पेशेवर समाजशास्त्रियों ने अक्सर यह पाया है कि स्वाधीनता-पश्चात काल के दौरान छुआछूत के चलन में तो धीरे-धीरे कमी आनी शुरू हुई, मगर दलितों के खिलाफ अत्याचार बढ़ते रहे हैं। (बेते 2000; शाह 2000) नये बन रहे परिदृश्य में, दलित आन्दोलनों ने भी अपनी दिशा और केन्द्रबिन्दु बदलना शुरू कर दिया, धर्म-परिवर्तन की मुहिम से नागरिक अधिकार एवं नागरिक दर्जा हासिल करने की तरफ।

इस श्रेणी में शायद पहला महत्त्वपूर्ण आन्दोलन 1970 के दशक के शुरुआती वर्षों में दलित पैंथर्स का गठन था। 1972 में युवा दलितों का एक समूह, जिसमें ज्यादातर लेखक और कवि थे, दलित पैंथर्स के नाम से बॉम्बे (मुम्बई) में साथ आए। हालाँकि, यह आन्दोलन केवल महाराष्ट्र तक सीमित नहीं था। जैसे-जैसे देश के विभिन्न हिस्सों से दलितों पर अत्याचार की घटनाएँ रिपोर्ट होने लगीं, वैसे-वैसे दलित संगठनों और प्रतिवादों के नये-नये स्वरूप सामने आने लगे। इसके व्यापक परिप्रेक्ष्य को गेल ओम्वेट ने निम्नलिखित शब्दों में बहुत सही ढंग से बयान किया है—

> यह वह दौर था जब गाँवों में दलितों पर अत्याचार, अक्सर जिनका स्वरूप बहुत क्रूर और भयावह था, बढ़ते हुए लग रहे थे। लगभग पूरे देश को एक नया आन्दोलन अपने दायरे में ले रहा था, जिसका स्वरूप प्रत्येक इलाके में चाहे जो हो। (1995 : 73-4)

इससे पूर्व के आन्दोलनों ने भारतीय समाज और उसकी जाति-व्यवस्था को सांस्कृतिक रूप से अतुलनीय माना, लेकिन इससे अलग हटते हुए दलित पैंथर्स ने जाति और नस्ल के बीच एक समानता प्रस्तुत करते हुए खुद की तुलना अश्वेतों के साथ की। यहाँ तक कि उनके संगठन के नाम से भी जाहिर होता है कि वे अमेरिका के ब्लैक पैंथर आन्दोलन से प्रेरित थे। (जोशी 1986) वे शायद पहले लोग थे जिन्होंने जाति के सवाल को अधिकारों की भाषा में रखा।

यह बदलाव व्यापक सन्दर्भ में आए परिवर्तन के कारण ही सम्भव हो सका। इसका श्रेय अनुसूचित जातियों के लिए कोटा या आरक्षण की आधिकारिक नीति, दलित समुदायों के भीतर से एक नये शिक्षित एवं शहरी मध्यवर्ग के उभार की शुरुआत को जाता है। 1980 के दशक के शुरुआती वर्षों तक, देश के विभिन्न शहरी केन्द्रों में फैले इन लोगों की संख्या ठीक-ठाक हो चुकी थी। जाति के सवाल की उनकी अभिव्यक्ति में शहरी परिवेश में, सरकारी कार्यालयों में ऊँची जातियों के साथ काम करने का उनका अनुभव झलका। उनमें से कइयों ने शुरुआत में खुद को मध्यवर्गीय जीवन की मुख्यधारा में समाहित करने का प्रयास किया। हालाँकि, उन्हें जल्द ही एहसास हुआ कि अपनी जातीय पहचान से छुटकारा पाना इतना आसान नहीं था।

इन मध्यवर्गीय दलितों ने अपने खुद के अलग समूह और यूनियन बनाने शुरू कर दिये। उन्होंने दलित सांस्कृतिक समूह और स्टडी सर्कल भी बनाए। ये वो पहलकदमियाँ थीं जिनसे व्यापक दलित पहचान राष्ट्रीय स्तर पर अभिव्यक्त होने लगी और देश के विभिन्न हिस्सों में दलितों के नये सामाजिक एवं राजनीतिक आन्दोलन उभरने लगे। (जेलियट 2001; शाह 2001; हार्टमान 2009) नये तरह के यही दलित एक्टिविस्ट दलित अधिकारों के एजेंडे को आगे बढ़ा रहे थे। जैसा कि हार्टमान लिखते हैं—

> 1990 के दशक की शुरुआत से दलित आन्दोलन पूरे भारत में बहुत तेजी से बढ़ा है। आज इसका नेटवर्क पूरे विश्व में फैला है, जिसमें विदेशों में रहने वाले दलित एक्टिविस्ट भी शामिल हैं... (2009 : xii)

दलित राजनीति और गोलबन्दियों में वैश्वीकरण की अपनी एक खास अहमियत है। कूप-मंडूक किस्म के सुधारों और संस्कृतीकरण से दलित आन्दोलन अब एक वैश्विक मंच तक पहुँच गया है, जहाँ वे खुद की तुलना उन समूहों और समुदायों के साथ करते हैं जिन्हें अपनी मतभिन्नता, एथिनीसिटी, रंग, और नस्ल के आधार पर भेदभाव झेलना पड़ता है। इसने उन्हें अपनी शिकायतों की अभिव्यक्ति और समर्थन/सहयोग हासिल करने के लिए नये गठबन्धन और मंच भी उपलब्ध कराए। हालाँकि, इन व्यापक प्रक्रियाओं का मतलब यह नहीं है कि दलितों की जमीनी गोलबन्दियाँ नहीं हैं, या फिर छुआछूत या जातीय अत्याचार से जमीनी सच्चाइयों से दो-चार हुए बिना लड़ा जा सकता है। मगर, अब जो स्थानीय (लोकल) है वह वैश्विक (ग्लोबल) से अलग-थलग नहीं है। वैश्वीकरण की प्रक्रिया और दलित प्रश्न की वैश्विक मंचों पर, या पश्चिम में रहने वाले दलित प्रवासियों द्वारा और अन्तरराष्ट्रीय विकास-वाहकों द्वारा चर्चा, स्थानीय स्तर पर जाति के प्रश्न और दलित अधिकारों की चर्चा को प्रभावित करती और आकार देती है। ये महत्त्वपूर्ण सवाल हैं जिन पर शोध किये जाने की जरूरत है। दलित आन्दोलन अतीत के आन्दोलन नहीं हैं। वे जारी हैं और नई-नई प्रक्रियाओं के रूप में सामने आ रहे हैं।

सरकारी नीति और ऊपर से जाति से मुकाबला

जो इस व्यवस्था के भुक्तभोगी हैं उनकी गोलबन्दियों और प्रतिवादों के अलावा, आधुनिक राजनीतिक व्यवस्था भी भारतीय समाज के लोकतंत्रीकरण और सार्वजनिक दायरे में जाति का प्रभाव न्यूनतम करने की कोशिश में नीतियाँ और कानून लेकर आई। जैसी पहले चर्चा हुई है, सरकारी प्रक्रियाओं—जैसे सूचीकरण (गणना), इसकी नौकरशाही सम्बन्धी सैद्धान्तिकियों, प्रशासनिक मकसद से आबादी को श्रेणीबद्ध/वर्गीकृत करने के इसके तरीकों ने जाति की हमारी समझ को आकार देने में एक भूमिका निभाई। विभिन्न जातीय समुदाय जिस तरह खुद को देखते थे या अपनी पहचान गढ़ते थे, इन प्रक्रियाओं ने उसे भी प्रभावित किया,

बदले में इसका असर उस तरीके पर हुआ जिससे विभिन्न व्यक्ति और समुदाय एक-दूसरे से जुड़े थे।

यह ब्रिटिश औपनिवेशिक राज था जब इस उप-महाद्वीप के 'अछूत' समुदायों ने अपने कल्याण और विकास के लिए राज्य का ध्यान खींचना शुरू किया। जैसा कि हम पूर्व के अध्याय में देख चुके हैं, ब्रिटिश शासकों ने उन्हें एक साथ मिलाकर एक प्रशासनिक श्रेणी बना दिया, शुरुआत में उन्हें 'डिप्रेस्ड क्लासेज' (दबा-कुचला वर्ग) कहा गया, और बाद में उन्हें गवर्नमेंट ऑफ इंडिया एक्ट, 1935 में अनुसूचित जातियों के रूप में सूचीबद्ध किया गया। स्वाधीनता-पश्चात भारतीय राज्य ने न सिर्फ अनुसूचित जातियों की श्रेणी को जारी रखा, बल्कि इसमें शामिल समुदायों की सूची और राजकीय कार्रवाई की गुंजाइश को विस्तृत किया। बीते सालों के दौरान भारत सरकार ने अनुसूचित जातियों के कल्याण और सशक्तीकरण के लिए बड़ी संख्या में नीतियाँ और कार्यक्रम समय के साथ विकसित किये हैं।

मोटे तौर पर, अनुसूचित जातियों की हाशिये की स्थिति से निपटने के लिए भारतीय राज्य द्वारा समय के साथ विकसित नीतिगत कदमों के तीन सेट हम चिह्नित कर सकते हैं, ये हैं—

(i) छुआछूत और नागरिक अधिकारों के उल्लंघन पर कानूनी पाबन्दी के रूप में हिफाजती कदम;

(ii) उनके विकास के लिए राज्य संचालित शिक्षण संस्थानों और सरकारी तंत्र तथा राज्य-पोषित संगठनों में रोजगार में आरक्षण समेत विशेष कार्यक्रमों के रूप में सक्षम बनाने या सशक्तीकरण के कदम; और

(iii) उनकी आबादी के अनुपात में सभी स्तरों पर विधायी निकायों में विशेष कोटा के रूप में प्रतिनिधित्व देने के कदम।

हिफाजती कदम

संवैधानिक लोकतंत्र के आगमन ने सभी को नागरिक अधिकार प्रदान किया। भारत के संविधान ने किसी भी रूप में छुआछूत के चलन का बिलकुल स्पष्ट रूप से उन्मूलन कर दिया। भारतीय संविधान के अनुच्छेद 17 ने छुआछूत

के चलन को अपराध बना दिया। इसमें साफ-साफ कहा गया : 'छुआछूत' का उन्मूलन कर दिया गया है और किसी भी रूप में इसका चलन निषिद्ध है। 'छुआछूत' से उत्पन्न होने वाली किसी अयोग्यता को लागू करना कानून के अनुरूप एक दंडनीय अपराध होगा।

मगर, चूँकि भारतीय समाज जाति की ऊँच-नीच की व्यवस्था के मूल्यों पर आधारित था, दलितों द्वारा अपने नागरिक अधिकारों के इस्तेमाल ने अक्सर ही सामाजिक तनाव पैदा किया जो तथाकथित ऊपरी जातियों द्वारा दलितों पर हमलों की वजह बना। इसके जवाब में भारत सरकार ने भी दलितों को विभिन्न तरह की हिंसा से बचाने के लिए कई कानून कार्यान्वित किये। छुआछूत अपराध कानून 1955 में पारित हुआ, जिसके बाद नागरिक अधिकार संरक्षण कानून 1976 में और अनुसूचित जाति एवं जनजाति अत्याचार निरोधक कानून 1989 में आया। इनके अलावा, कई प्रान्तीय/राज्य सरकारों ने भी 'नागरिक अयोग्यताओं के खात्मे' को ध्यान में रखकर कानून कार्यान्वित किये। हालाँकि इन कानूनों में से ज्यादातर स्वाधीनता-पश्चात पारित किये गए थे, लेकिन यह प्रक्रिया, जैसा कि पहले चर्चा हुई है, वास्तव में 19वीं सदी में शुरू हो गई थी।

भारत सरकार ने अनुसूचित जाति और अनुसूचित जनजाति समुदायों के लिए किये गए विभिन्न सुरक्षात्मक उपायों की देख-रेख के लिए प्रशासनिक ढाँचे भी तैयार किये। भारतीय संविधान के अनुच्छेद 338 ने एक विशेष अधिकारी ('अनुसूचित जातियों और अनुसूचित जनजातियों के लिए आयुक्त' के रूप में पदनामित) मुहैया कराया, जिसे विभिन्न कानूनों के तहत अनुसूचित जातियों और अनुसूचित जनजातियों के लिए किये गए सुरक्षात्मक उपायों से जुड़े सभी मामलों की छानबीन करने और इन सुरक्षात्मक उपायों के काम करने या न करने की रिपोर्ट सीधे भारत के राष्ट्रपति को देने की जिम्मेदारी दी गई। इस काम को विस्तार और संगठित रूप देने के लिए 1978 में भारत सरकार ने एक बहु-सदस्यीय आयोग बनाया, जिसे राष्ट्रीय अनुसूचित जाति एवं अनुसूचित जनजाति आयोग कहा गया। 2004 में, भारत सरकार ने इस आयोग को एससी और एसटी के लिए दो अलग-अलग आयोगों में बाँटने का फैसला किया।

सक्षम बनाने के कदम

'छुआछूत' को कानूनी अपराध बनाने और भारतीय समाज में हाशिये पर पड़े लोगों तक नागरिक दर्जे के विस्तार के कदमों की शुरुआत के अलावा, भारत सरकार ने कई सक्षम बनाने वाले कदम भी लिए जो ऐतिहासिक रूप से वंचित सामाजिक समूहों, एससी और एसटी के लिए बराबरी का मैदान निर्मित करने के लिये डिजाइन किये गए थे। इन कदमों में पहला और सबसे महत्त्वपूर्ण था कोटा प्रणाली (सरकार संचालित शिक्षा संस्थानों में और सरकारी क्षेत्र की नौकरियों में सीटों का आरक्षण) का लाया जाना।

दूसरा, केन्द्र और राज्य सरकारों ने उभरती अर्थव्यवस्था और रोजगार के नये क्षेत्रों में सक्रियतापूर्वक भाग लेने के लिए अनुसूचित जातियों और अनुसूचित जनजातियों को सक्षम बनाने की दिशा में विभिन्न विकास योजनाएँ/कार्यक्रम शुरू किये। इसमें दलित छात्रों के लिए तरह-तरह की छात्रवृत्तियों के साथ-साथ स्व-रोजगार के लिए विशेष ऋण और रोजगार योजनाएँ भी शामिल थीं। छठी पंचवर्षीय योजना से, राज्य सरकारों के लिए अनुसूचित जातियों के कल्याण के लिए एक अलग योजना, स्पेशल कम्पोनेंट सब-प्लान बनाना जरूरी हो गया जिसके तहत अनुसूचित जातियों के लिए विभिन्न कल्याणकारी गतिविधियों के लिए एक अलग राशि रखी जानी जरूरी हो गई। इस योजना के लिए जरूरी राशि उस राज्य की एससी आबादी के अनुपात में रखनी पड़ने लगी। हर राज्य सरकार को अनुसूचित जातियों के कल्याण का काम सँभालने और उनके विकास की विभिन्न योजनाओं की देख-रेख के लिए एक अलग विभाग भी बनाना पड़ा।

इन कार्यक्रमों में से कुछ ने साफ दिखने वाले नतीजे दिये। मसलन, अनुसूचित जातियों में साक्षरता और शिक्षा के स्तर में उल्लेखनीय वृद्धि हुई है। जैसा कि तालिका-2 में दिखाया गया है, अनुसूचित जातियों में 1961 में कुल साक्षरता दर महज 10.27 फीसदी थी जो 2001 में बढ़कर लगभग 55 फीसदी हो गई, यानी वे 1961 के मुकाबले सामान्य आबादी के ज्यादा करीब आ गए।

दिलचस्प है कि उनमें साक्षरता सामान्य आबादी के मुकाबले ज्यादा तेज दर से बढ़ी। सामान्य/दूसरी श्रेणियों की आबादी के करीब आते हुए उनका स्कूल जाना भी बढ़ा। उदाहरण के लिए, 2001 में 6 से 14 के आयुवर्ग में एससी लड़कों में से 72 फीसद (अन्य 77 फीसद) और एससी लड़कियों में से 63 फीसद (अन्य 70 फीसद) स्कूल जा रहे थे।

हालाँकि, सब कुछ खुशी मनाने लायक नहीं था। साक्षरता दर और स्कूल जाने में लैंगिक विषमता के अलावा, विभिन्न क्षेत्रों में उल्लेखनीय भिन्नताएँ भी थीं। मसलन, बिहार में, जहाँ राज्य की कुल आबादी में अनुसूचित जातियों की हिस्सेदारी 16 फीसद है, उनकी साक्षरता दर 28.5 फीसद के साथ दयनीय स्तर पर बनी हुई है। इसके अलावा, जैसे-जैसे हम शैक्षणिक सीढ़ी पर ऊपर जाते हैं उनकी संख्या और गिरती जाती है।

लेकिन शायद ज्यादा गम्भीर बात स्कूली शिक्षा की गुणवत्ता में बढ़ती खाई है। आर्थिक रूप से बेहतर तबकों, जिनमें ज्यादातर ऊपरी जातियों से हैं, के सरकार-संचालित स्कूलों के छोड़ते जाने से गरीबों के लिए उपलब्ध स्कूली शिक्षा की गुणवत्ता और नीचे चली गई है। एससी बच्चों की शिक्षा छोड़ने की दर (ड्रॉपआउट रेट) भी दूसरों के मुकाबले काफी ज्यादा है। 2004-05 के आँकड़े के मुताबिक, पाँचवीं कक्षा में पहुँचने तक एससी बच्चों की शिक्षा छोड़ने की दर 34 प्रतिशत थी, जबकि समग्र रूप से यह 29 प्रतिशत थी। जैसे-जैसे हम शैक्षणिक सीढ़ी पर ऊपर जाते हैं, अनुसूचित जातियों और 'दूसरों' के बीच शिक्षा छोड़ने की दर का फासला और बढ़ जाता है। (दासगुप्ता और थोराट 2009 : 15) एससी बच्चों में शिक्षा छोड़ने की दर ऊँची होना केवल आर्थिक बाध्यताओं के चलते नहीं है। कुछ मामलों में, अलगाव-बोध, जिसका सामना स्कूल में दलित बच्चे करते हैं, के लिए जिम्मेदार जातीय भेदभाव भी है। ऐसे कई उदाहरण हैं जहाँ भारत के कुछ हिस्सों में अब भी स्कूलों में पीने के पानी के लिए दलित बच्चों के लिए अलग मटके रखे जाते हैं। (देखें, शाह और अन्य 2006)

तालिका-2

सामान्य जनसंख्या और अनुसूचित जाति जनसंख्या की साक्षरता दर 1961-2001

वर्ष	सामान्य			एससी		
	पुरुष	महिला	कुल	पुरुष	महिला	कुल
1961	34.44	12.95	24.02	16.96	3.29	10.27
1971	39.45	18.70	29.45	22.36	6.44	14.67
1981	46.89	24.82	36.23	31.12	10.93	21.38
1991	64.1	39.3	52.2	49.91	23.76	37.41
2001	75.3	53.7	64.8	66.64	41.90	54.69

स्रोत : भारत की जनगणना के आंकड़ों से परिकलित, जैसा कि ग्यारहवीं पंचवर्षीय योजना (2008), खंड 1 में है। http://planningcom-mission.nic.in/plans/planrel/ fiveyr/11th/11_v1/11th_vol-1.pdf पर उपलब्ध है। (पृ. 105), 20 अक्टूबर, 2009 को एक्सेस किया गया।

जैसा कि पहले जिक्र किया गया है, भारत सरकार सरकारी नौकरियों में अनुसूचित जातियों (एससी) और अनुसूचित जनजातियों (एसटी) के लिए कोटा लेकर आई। नौकरियों में आरक्षण की एससी समुदायों के भीतर और बाहर से तमाम आलोचनाओं के बावजूद, यह दुनिया में आज वंचित समूहों को बरीयता देने वाले सबसे सफल कार्यक्रमों में से एक है। योग्य दलित उम्मीदवारों को रोजगार देने के अलावा, नौकरी में कोटा ने एससी समुदायों में से एक नया नेतृत्व, एक नया आभिजात्य तबका पैदा करने में भी मदद की। और, समुदाय का यह नया आभिजात्य तबका उनकी आकांक्षाओं को सामाजिक और राजनीतिक दायरे में रखने में बेहद महत्त्वपूर्ण भूमिका निभा रहा है।

जैसा कि विभिन्न स्रोतों से आँकड़े उपलब्ध हैं (देखें, तालिका-3), हम देख सकते हैं कि विभिन्न स्तर की सरकारी क्षेत्र की नौकरियों में एससी कर्मचारियों के अनुपात में उल्लेखनीय वृद्धि रही है। उनकी सामाजिक स्थितियों और न के बराबर शिक्षा के प्रसार के चलते उन्हें केवल सबसे निचले स्तर पर नौकरी दी जा सकती थी। हालाँकि, सरकारी क्षेत्र में चौथी श्रेणी (ग्रुप डी) की नौकरी

का भी मतलब था कि एक नियमित और गाँव में रहकर जो वे कमा सकते थे उससे कहीं ज्यादा आमदनी। इससे बड़ी बात यह है कि सरकारी नौकरी हमेशा उन्हें शहरी केन्द्रों में ले गई जहाँ वे अपने बच्चों को बेहतर स्कूलों में भेज सकते थे। सरकारी नौकरी में सुनिश्चित पेंशन के चलते, इनमें से बहुतेरे स्थायी रूप से शहरी जीवन की ओर मुड़ जाने में सक्षम हुए। उनके बच्चे कोटा प्रणाली का इस्तेमाल उच्च शिक्षा और उच्च-स्तरीय नौकरियाँ हासिल करने में कर सकते थे। जैसा कि तालिका-3 से जाहिर है, बीते सालों में उनका प्रतिनिधित्व सरकारी क्षेत्र की सभी स्तर की नौकरियों में बढ़ा है। 1965 में, ग्रुप ए की नौकरियों में अनुसूचित जातियों का अनुपात 1.62 फीसद और ग्रुप बी की नौकरियों में 2.82 फीसद था। मगर, बीते सालों के दौरान, उच्च श्रेणी की नौकरियों में उनका अनुपात बढ़ता रहा और 2003 तक यह बढ़कर 'ए' श्रेणी में 11.93 फीसद और 'बी' श्रेणी में 14.32 फीसद हो गया। ग्रुप सी की नौकरियों में भी उनके अनुपात में बीते सालों में एक सुस्थिर वृद्धि देखी गई।

सशक्तीकरण के कदम

जैसा कि पहले जिक्र हुआ है, वरिष्ठ स्तर पर सरकारी क्षेत्र में रोजगार ने न केवल उन कर्मचारियों को बेहतर वेतन और सम्मानबोध दिया, बल्कि इसने ऐतिहासिक रूप से वंचित समुदायों के लिए संसाधन, सामाजिक पूँजी या सरकारी महकमों में सम्पर्क का एक नया नेटवर्क पैदा किया, जिसने इन समुदायों के दूसरे सदस्यों को भी ऊपर उठने का रास्ता मुहैया कराया। सरकारी संस्थानों में वरिष्ठ पदों पर उनकी उपस्थिति किसी संकट की स्थिति, जैसे जाति आधारित टकरावों जहाँ प्रभावशाली जातियों की सारी ताकत के चलते दलित ज्यादातर भुक्तभोगी होते हैं, में खास तौर पर महत्त्वपूर्ण हो गई।

तालिका-3

श्रेणी के अनुसार सरकारी नौकरियों में कुल कर्मचारियों (सफाईकर्मियों को छोड़कर) में एससी और गैर एससी/एसटी की प्रतिशत हिस्सेदारी

	ग्रुप-ए		ग्रुप-बी		ग्रुप-सी		ग्रुप-डी	
वर्ष	एससी	गैर-एससी /एसटी	एससी	गैर-एससी /एसटी	एससी	गैर-एससी /एसटी	एससी	गैर-एससी /एसटी
1965	1.64	97.59	2.82	96.56	8.88	89.71	17.75	78.82
1968	2.11	97.30	3.11	96.48	9.22	90.65	18.32	78.08
1971	2.58	97.01	4.06	95.51	9.59	88.74	18.37	77.98
1972	2.99	96.52	4.13	95.43	9.77	88.52	18.61	77.57
1973	3.14	96.36	4.51	95.00	10.05	87.99	18.37	77.70
1974	3.25	96.18	4.59	94.92	10.33	87.54	18.53	77.64
1975	3.43	95.95	4.98	94.43	10.71	87.02	18.64	77.37
1981	5.46	93.42	8.42	90.28	12.95	83.90	19.35	75.57
1982	5.49	93.34	9.02	89.55	13.39	83.14	23.41	69.14
1984	6.92	91.38	10.36	87.87	13.98	82.23	20.20	73.77
1985	7.65	90.62	10.04	88.39	14.88	80.92	20.81	73.49
1987	8.23	89.72	10.41	87.67	14.45	81.32	20.04	74.12
1988	8.67	89.04	11.18	86.72	14.80	80.72	19.88	74.02
1989	8.51	89.25	11.65	86.35	14.85	80.63	20.41	73.13
1990	8.64	88.78	11.29	86.32	15.19	79.98	21.48	71.79
1991	9.09	88.37	11.82	85.83	15.65	79.36	21.24	71.94
1992	9.67	87.40	11.57	86.05	15.74	81.10	20.88	72.37
1993	9.80	87.13	12.17	85.48	15.91	78.66	20.73	72.39
1994	10.25	86.83	12.06	85.13	15.73	78.88	20.47	73.38
1995	10.15	86.96	12.67	84.65	16.15	78.16	20.53	72.99
1996	11.51	84.93	12.30	84.89	15.45	78.90	20.27	73.67
1997	10.74	86.03	12.90	84.05	16.20	77.65	24.06	69.21
1998	10.80	85.76	12.35	84.63	16.32	77.67	18.65	74.40
1999	11.29	85.32	12.68	83.98	15.78	78.15	19.99	73.00
2000	10.97	85.55	12.54	84.37	15.88	77.79	17.38	75.95
2001	11.42	85.00	12.82	83.48	16.25	77.29	17.89	75.30
2002	11.09	84.94	14.08	81.74	16.12	77.94	20.07	72.80
2003	11.93	83.88	14.32	81.36	16.29	77.17	17.98	75.06

स्रोत : थोराट और सेनापति (2006 : 18)।

सरकारी नौकरियों में सकारात्मक भेदभाव की इन नीतियों के अलावा, भारतीय संविधान ने भी विधायी निकायों और दूसरे प्रतिनिधि संस्थानों में उनकी कुल आबादी के अनुपात के मुताबिक सीटों के आरक्षण के प्रावधान किये। पंचायतों से लेकर संसद तक, निर्वाचित निकायों में दलित उपस्थिति सर्वव्यापी है। समाजशास्त्रीय स्तर पर, इन कदमों ने भी दलितों के बीच एक नया राजनीतिक वर्ग पैदा करने में अहम भूमिका निभाई और वे अब सभी राजनीतिक पार्टियों में मौजूद हैं। अनुसूचित जाति के लिए आरक्षित निर्वाचन क्षेत्र से केवल अनुसूचित जाति के उम्मीदवार ही लड़ सकते हैं, जिसके चलते सभी राजनीतिक दलों के लिए अनुसूचित जातियों के बीच अपनी जगह तैयार करना और उन्हें अपनी पार्टियों के सांगठनिक ढाँचे में जगह देना लाजिमी हो जाता है। अपने समुदायों से जुड़े सवालों पर राजनीतिक दलों के भीतर अनुसूचित जाति के उम्मीदवार दबाव-समूह (प्रेशर लॉबी) के रूप में भी काम करते हैं।

हाल ही में हमने भारत के विभिन्न हिस्सों में पहचान आधारित राजनीतिक दलों का उदय देखा है। ये राजनीतिक दल खुल्लमखुल्ला अपनी पहचान किसी खास जातीय समुदाय से जोड़ते हैं, या वे जातियों एवं समुदायों के एक समूह, जैसे दलित और/या 'पिछड़ी जातियों' के प्रतिनिधित्व का दावा करते हैं। हालाँकि उनमें से ज्यादातर राजनीतिक दल क्षेत्रीय हैं, लेकिन उनमें से कुछ राष्ट्रीय दल के रूप में उभर चुके हैं या उभरने के आकांक्षी हैं। उत्तर भारत में बहुजन समाज पार्टी का उदय और सफलता इसका एक अच्छा उदाहरण है।

जातीय ऊँच-नीच के खिलाफ आन्दोलन और राज्य की पहलकदमियाँ पारम्परिक पदानुक्रम में बदलाव के लिए जगह बना पाने में सफल रहीं, इसके अलावा जाति-व्यवस्था उस सामाजिक और आर्थिक रूपान्तरण की व्यापक प्रक्रिया के कारण भी बदल रही है जिसका अनुभव भारतीय समाज पिछली सदी से करता रहा है। अगला अध्याय इन बदलावों पर एक दृष्टि डालने का प्रयास है।

जाति का बदलता स्वरूप

सामाजिक जीवन के किसी अन्य पहलू की तरह, जाति की संस्था परिवर्तनशील है। हालाँकि, बदलाव की प्रकृति और पैटर्न समय के साथ भिन्न होते हैं। इसकी उत्पत्ति प्राचीन काल में होने के बावजूद, जाति के विचार, जैसा कि हम आज अकादमिक लेखन और आम समझदारी के जरिये जानते हैं, ने ब्रिटिश औपनिवेशिक काल में आकार लेना शुरू किया। पहले अध्याय में हमारी विस्तृत चर्चा यह साफ दिखाती है कि जाति अपने आधुनिक प्रारूप में, 19वीं सदी में औपनिवेशिक प्रशासकों द्वारा सामाजिक गठन की पारम्परिक प्रणाली के एक प्रकार के रूप में परिकल्पित की गई, जो अन्य समाजों के पूर्व-आधुनिक कालखंडों में पाई जाने वाली वैसी ही संस्थाओं के समान थी। भारत के मामले में, जाति ने एक दृढ़ स्वरूप ले लिया, क्योंकि इसका जुड़ाव हिन्दू धर्म से था। इस तरह, इसकी स्थानीय विशिष्टताओं के बावजूद, जातीय ऊँच-नीच की व्यवस्था को औपनिवेशिक और प्राच्यवादी (ओरिएंटलिस्ट) अकादमिक अध्ययनों ने 'यूनिवर्सल इवोल्यूशनरी स्कीम' में, यानी सृष्टि के क्रमिक-विकास की थ्योरी की तर्ज पर पेश किया। इस तर्क से यह स्वाभाविक निष्कर्ष निकलता था कि जैसे-जैसे पारम्परिक विश्वास व्यवस्थाओं और सामाजिक गठन के स्वरूपों का ह्रास होता, जाति भी अपनी पकड़ खोने लगती और अन्ततोगत्वा खत्म हो जाती। दूसरे शब्दों में, एक प्रकार के रैखिक प्रगति-क्रम में, हमें केवल जाति के मुकाबले बढ़ते चले जाना था, और स्वाभाविक विकास प्रक्रिया और भौतिक उन्नति के साथ यह होना ही था, लगभग अपरिहार्य रूप से।

जाति के बारे में इस दृष्टिकोण ने यह भी रेखांकित किया कि जाति बुनियादी तौर पर एक सांस्कृतिक या वैचारिक व्यत्वस्था, एक पारम्परिक जीवन पद्धति थी, और इसका भौतिक/आर्थिक जीवन, या फिर उस समय की सत्ता और राजनीति से ज्यादा या बिलकुल लेना-देना नहीं था। एक वैचारिक व्यवस्था और हिन्दू धर्म के एक पहलू के रूप में, जाति का सम्बन्ध धर्मशास्त्रीय दर्जे और सामाजिक पदानुक्रम से था। जाति की इस समझ के मुताबिक, अतीत में जब राजनीतिक सत्ताएँ बदलीं, ऊँच-नीच का धर्मशास्त्र निर्धारित क्रम बचा रह गया। इस तरह, वर्गीय असमानताओं के विपरीत, जिस पर लड़ा जाना और जिससे संघर्ष किया जाना चाहिए था, जाति पर 'मुख्यधारा' के इस विमर्श ने 'ह्यूमन एजेंसी' (लोगों द्वारा अपनी स्वतंत्र इच्छा से कुछ कर पाने की शक्ति) के लिए बहुत कम गुंजाइश दी। जाति ऊँच-नीच की 'स्वाभाविक' व्यवस्था के रूप में लगी, जिसे क्रमिक-विकास की प्रक्रिया और आधुनिकीकरण के साथ ही 'स्वाभाविक रूप से' खत्म हो जाना था।

आधुनिक भारतीय इतिहास पर लोकप्रिय मध्यवर्गीय और अकादमिक नजरिया औपनिवेशिक काल को एक प्रगतिशील दौर के रूप में देखने का रहा है, खासकर जाति जैसी संस्थाओं के मामले में। मसलन, यह बात व्यापक रूप से मानी जाती है कि ब्रिटिश औपनिवेशिक शासन भारतीय समाज में आमूलचूल परिवर्तन लेकर आया, क्योंकि उन्होंने इस उप-महाद्वीप को आधुनिक तकनीक और पश्चिमी मूल्य प्रणाली (वैल्यू सिस्टम) से परिचित कराया। धारणा है कि, भारत में जो उस समय प्रचलित था उसके बनिस्बत यह श्रेष्ठतर और ज्यादा उन्नत था।

जाति की आधुनिकता

पहले के अध्यायों में जैसी कि चर्चा की गई है, जाति-व्यवस्था और उसके क्रमिक-विकास के इस सूत्रीकरण में जो धारणा अन्तर्निहित है उसमें कई खामियाँ हैं।

ब्रिटिश औपनिवेशिक शासक भारत के सामाजिक और आर्थिक जीवन में जो बदलाव लेकर आए वह वास्तव में बहुत प्रचंड था। वे भूमि राजस्व प्रणालियों और सम्पत्ति सम्बन्धों का बिलकुल नया सेट लेकर आए, जिसने साल-दर-साल ग्रामीण सामाजिक सम्बन्धों को जोरदार तरीके से बदलना शुरू किया। वे भारत में नई तकनीक भी लाए। उन्होंने रेलवे लाइनें बिछाईं और ऐसे कारखाने खोले जो ऊर्जा के निर्जीव स्रोतों से चलते थे। उन्होंने पश्चिमी शैली की 'सेक्युलर' शिक्षा प्रणाली भी शुरू की। उन्होंने भारतीयों को अंग्रेजी माध्यम में शिक्षित करने के लिए स्कूल और कॉलेज खोले। इस उप-महाद्वीप के प्रथम 'आधुनिक' विश्वविद्यालय भी औपनिवेशिक काल के दौरान ही खोले गए। अंग्रेजी माध्यम के स्कूलों, कॉलेजों, और विश्वविद्यालयों में जिनके दाखिला हुए उनका बहुसंख्य हिस्सा पारम्परिक रूप से विशेषाधिकार सम्पन्न वर्गों और ऊपरी तबकों से आने के बावजूद, सिद्धान्त रूप में ये संस्थान सभी के लिए खुले थे, चाहे उनकी जाति, धर्म, और रंग कुछ भी हों। औपनिवेशिक सरपरस्ती में एक नई सामाजिक श्रेणी, भारतीय मध्यवर्ग का उदय शुरू हुआ। यह भी सही है कि 'पारम्परिक और नये आभिजात्य वर्ग के बीच' ठीक-ठाक ओवरलैप था और अक्सर इसका नतीजा 'ऊँची और नीची जातियों के बीच सांस्कृतिक और वैचारिक दूरी' बढ़ने के रूप में हुआ। (श्रीनिवास 1968 : 193)

ब्रिटिश औपनिवेशिक शासकों ने एक नई प्रशासनिक और कानूनी प्रणाली भी विकसित की। प्रशासन को प्रभावशाली बनाने के क्रम में, उन्होंने जनगणनाओं और सर्वेक्षणों के जरिये शासित आबादी की गणना प्रक्रिया शुरू की। गणना के लिए आबादी के वर्गीकरण और श्रेणी-विभाजन की जरूरत हुई। इस उप-महाद्वीप में अपवित्रता के विचार और ऊँच-नीच की मौजूदगी लगभग हर जगह थी, मगर उस ऊँच-नीच का अनुक्रम और संयोजन स्थानीय या क्षेत्रीय था। ठोस सामाजिक संस्थाओं के रूप में, प्रत्येक जातीय समूह की अपनी स्थानीय दुनिया थी, जिसके भीतर वह काम करते थे और खुद को पुनरुत्पन्न करते रहते थे। ऊँच-नीच का अनुक्रम भी खेतिहर अर्थव्यवस्था, तत्कालीन सत्ता व्यवस्थाओं और सोशल डेमोग्राफिक्स की भौतिक दुनिया के प्रति सम्बन्ध में पुनरुत्पन्न होता था।

मसलन, अलग-अलग जातीय समूहों का जमीन के साथ सम्बन्ध अलग-अलग था। कुछ के पास जमीन होती थी और वे उसे जोतते थे, जबकि कुछ को प्रथा के नाम पर हल तक छूने की अनुमति नहीं होती थी। प्रत्येक क्षेत्र में हावी और प्रभावशाली जातियों का अपना एक सेट था। खेतिहर अर्थव्यवस्था और ग्रामीण अर्थव्यवस्था अंग्रेजों के भारत आने से काफी पहले ही राज्य-व्यवस्था के साथ एकीकृत हो चुकी थीं। (हबीब 1963; नील 1962)। मैनॉर ने ठीक ही चिह्नित करते हैं—'भारत में एक जाति-व्यवस्था नहीं बल्कि कई हैं।' (2010 : xx) इसी तरह गुप्ता (2000) ने भी तर्क रखा कि ऊँच-नीच के मॉडल कई थे, और अक्सर टकराते थे। ऊँच-नीच को धार्मिक स्वीकृति मिली हुई थी, फिर भी इसका पुनरुत्पन्न होना उस समय की सत्ता संरचनाओं के आर्थिक सम्बन्धों और प्रभुत्व पर भी निर्भर करता था।

औपनिवेशिक शासकों द्वारा शुरू की गई गणना और वर्गीकरण की प्रक्रियाओं ने सामाजिक जमाव और बिलगाव की एक नई गतिकी (डायनामिक्स) पैदा की। जैसा कि अध्याय 3 में चर्चा हुई है, विभिन्न जातियों के 'अपवित्रता' के विचार की आधिकारिक स्वीकृति के आधार पर दलित तबकों के एक श्रेणी में एकत्रीकरण, अन्तत: जिसकी परिणति 'अनुसूचित जातियों' के रूप में हुई, ने 'छूने योग्य' और 'न छूने योग्य (अछूत)' के रूप में जाति विभाजन का एक द्विध्रुवीय मॉडल पैदा किया। केवल अनुसूचित जातियों के सम्बन्ध में औपनिवेशिक राज्य ने निर्धारक भूमिका नहीं निभाई। औपनिवेशिक जनगणना ने राज्य-व्यवस्था को सभी जातियों के जीवन में एक महत्त्वपूर्ण एजेंट बना दिया। गणना की प्रक्रिया जातीय समुदायों की स्थानीय धारणाओं में 'संख्याओं' के विचार के रूप में एक बेहद अहम वैरिएबल (परिवर्तनशील राशि) लेकर आई। इस तरह, धर्मशास्त्रीय दर्जे के साथ-साथ, किसी समूह की संख्या आधारित शक्ति ने भी महत्त्व हासिल करना शुरू किया, खासकर जब सवाल विकसित हो रही राज्य-व्यवस्था में मान्यता और प्रतिनिधित्व का आता हो।

जैसा कि हम विस्तार से चर्चा कर चुके हैं, 20वीं सदी के शुरुआती दशकों तक, विभिन्न जातीय समूहों ने खुद को 'जाति संघों' के रूप में संगठित करना

शुरू कर दिया था, यह एक ऐसी प्रक्रिया थी जो तब तक अनजानी थी। इस तरह की सांगठनिक पहचान बनने से विभिन्न जातीय समूहों के बीच एक नया प्रतियोगिता-बोध भी विकसित हुआ। हालाँकि वे सभी जाति का मुहावरा ही इस्तेमाल कर रहे थे, फिर भी जाति के साथ कुछ नया घटित हो रहा था।

क्षेत्र-स्तरीय दबाव समूहों के रूप में, यह क्षैतिज रेखाओं पर अभिव्यक्त और गोलबन्द होना शुरू हुआ। उन्होंने प्रतिनिधित्व और हिस्सेदारी का सवाल उठाया। मद्रास प्रेसिडेंसी की तथाकथित पिछड़ी जातियाँ शायद पहली थीं जिन्होंने खुद को 'ऊपरी' जाति वाले ब्राह्मणों के खिलाफ संगठित किया। उन्होंने सरकारी नौकरियों, जिस पर, जैसा कि ऊपर जिक्र है, ब्राह्मणों और अन्य ऊपरी जातियों का अघोषित एकाधिकार था, में 'पिछड़ों' के लिए कोटा माँगा। जैसा कि अध्याय 4 में चर्चा हुई है, इस ब्राह्मण-विरोधी आन्दोलन ने छुआछूत के सवाल को नहीं उठाया, फिर भी जाति-व्यवस्था की उनकी आलोचना ने आगामी दशकों में महाराष्ट्र और अन्य जगहों पर दलित आन्दोलन के उदय के लिए रास्ता तैयार किया।

जाति, समुदाय और विकास

जैसा कि आधुनिक भारत में जाति पर उपलब्ध साहित्य और उपरोक्त चर्चा से पता चलता है, जब भारत औपनिवेशिक शासन से मुक्त हो गया था तब से जाति की संरचना और विचार में परिवर्तन हुआ है। भारतीय संविधान द्वारा अस्पृश्यता उन्मूलन और आरक्षण प्रणाली के विस्तार ने इस बात को मजबूत किया है कि आधुनिक भारत में जाति का एक मानक नहीं हो सकता है। सरकार की सकारात्मक कार्रवाई (अफर्मेटिव एक्शन) की नीति सबको बराबरी पर लाने के लिए तैयार की गई थी। जहाँ सभी जातियाँ समान स्तर पर प्रतिस्पर्धा कर सकती थीं।

हालाँकि, परिवर्तन की सीमाएँ होती हैं। जाति-विरोधी आन्दोलनों में सामान्यतया शहरों तक सीमित था जिसकी मुख्य चिन्ता में दलित और पिछड़े शामिल थे। अछूतों का बहुत बड़ा हिस्सा ग्रामीण इलाकों में रहता था जो पारम्परिक रूप से खेतिहर मजदूर के रूप में काम करते थे।

हालाँकि कल्याणकारी और विकासात्मक योजनाएँ शुरू की गईं, लेकिन उसका लाभ बहुत छोटे से तबके को मिल पाया। इससे भी महत्त्वपूर्ण बात यह है कि भारतीय संविधान में भले ही अनुसूचित जातियों के लिए आरक्षण का प्रावधान हो और छुआछूत की प्रथा को भी समाप्त कर दिया गया हो, लेकिन विकास की योजनाएँ मुख्यधारा की प्रक्रिया की तरह काफी हद तक 'जाति को दरकिनार' करके बनाई जाती थी। विकास मशीनरी ने हमेशा अमीर और गरीब या फिर किसानों और मजदूरों जैसी श्रेणियों में विभाजित करके काम किया। शुरुआती दशकों में, विभिन्न तरह की विकास योजनाओं और कार्यक्रमों को तैयार करने में जाति को शायद ही कभी गम्भीरतापूर्वक ध्यान में रखा गया था। यद्यपि, विकास को क्रियान्वित करने में जाति के प्रचलित संरचना का पुट जरूर होता था।

उदाहरण के लिए, स्वतंत्रता के तुरन्त बाद भारतीय राज्य द्वारा की गई सबसे महत्त्वपूर्ण विकासात्मक पहलों में से एक भूमि सुधार कानून लागू करना था। इन कानूनों द्वारा खेती न करने वाले जमींदारों से जमीन लेकर खेती करने वालों को सौंपना था। भूमि के टिलर के अधिकार। भले ही भूमि सुधार कानून आंशिक रूप से ही सफल रहा, लेकिन उन्होंने ग्रामीण सामाजिक व्यवस्था (मूर 1966; फ्रैंकलिन और राव 1989; जाफ्रलो 2000; स्टर्न 2001) पर पारम्परिक रूप से शक्तिशाली, लेकिन कम संख्यावाले उच्च जातियों की पकड़ को कमजोर करने में महत्त्वपूर्ण भूमिका निभाई। उदाहरण के लिए, राजस्थान के एक गाँव में जागीर पूरी तरह समाप्त नहीं हो पाई, फिर भी, इसने भूमि स्वामित्व के विभाजन को स्थानीय और क्षेत्रीय स्तर पर काफी परिवर्तित किया जिसका सामाजिक शक्ति संरचनाओं में स्पष्ट अन्तर दिखा। पारम्परिक रूप से उच्च राजपूत जाति और अन्य तत्कालीन जमींदारों के पास भूमि सुधार के बाद बहुत कम जमीन बच गई। गाँव की अधिकांश भूमि मध्य जाति समूह जाट और गुर्जर के हाथों में चली गई जिन्हें परम्परागत रूप से बटाईदार के रूप में जाना जाता था। हालाँकि, शायद ही कभी भूमि सुधार से दलितों को लाभ मिला। यद्यपि स्थानीय दलितों के एक हिस्से ने भी जमीन पर कब्जा कर लिया था, लेकिन उन्हें बटाईदार नहीं माना गया और इसलिए भूमि सुधार के तहत प्राप्त

भूमि पर उनको अधिकार नहीं मिला। इसी तरह, ग्रामीण सामाजिक परिवर्तन के लिए शुरू किये गए कार्यक्रम, जैसे सामुदायिक विकास कार्यक्रम (सीडीपी), पंचायती राज और हरित क्रान्ति से सीधे तौर पर गाँव के समृद्ध और शक्तिशाली जाति को लाभ मिला जो अछूत नहीं थे।

देश के विभिन्न हिस्सों में 1960 और 1970 के दशक में क्षेत्रीय राजनीतिक दलों का उदय हुआ जो ग्रामीण क्षेत्रों में कृषि-आधारित प्रमुख जातियों की बढ़ती शक्ति का प्रत्यक्ष परिणाम था। 1960 के दशक में मध्य जातियों के उदय से भी देश में लोकतांत्रिक राजनीति परिदृश्य में एक बदलाव आया। कुछ क्षेत्रों में कांग्रेस पार्टी इन मध्य जाति समूहों की बढ़ती आकांक्षाओं को समायोजित करने में सफल रही थी, लेकिन वह पूरे देश में वैसा करने में सफल नहीं हो पाई थी। (जाफ्रलो 2003) यह वही दौर था जिसमें क्षेत्रीय राजनीति दलों ने अपनी ताकत का एहसास कराना शुरू कर दिया। माना जाता है कि 1967 का आम चुनाव भारतीय राजनीति का बहुत ही महत्त्वपूर्ण पड़ाव था। स्वतंत्रता के बाद पहली बार कांग्रेस पार्टी को आठ राज्यों में हार का मुँह देखना पड़ा था। उस समय से, क्षेत्रीय राजनीति का स्वरूप काफी बदल गया। कहीं-कहीं कृषि पर आधारित जातियों ने अपनी राजनीतिक पार्टियों का गठन कर लिया, तो कहीं वे अपनी जातिगत पहचान के साथ भारतीय राष्ट्रीय कांग्रेस पार्टी भीतर एक शक्तिशाली गुट बनकर उभरे। कुछ वर्षों के उपरान्त उन्होंने क्षेत्रीय राजनीति से उच्च जातियों को बाहर कर दिया।

हालाँकि, 1980 के दशक में जातीय वर्चस्व की राजनीति का नया रुझान दिखाई पड़ने लगा। तत्कालीन प्रधानमंत्री विश्वनाथ प्रताप सिंह ने मंडल आयोग की अनुशंसा लागू कर अन्य पिछड़ा वर्ग (ओबीसी) के लिए अलग से आरक्षण की व्यवस्था लागू कर दी। मंडल आयोग ने समूह-आधारित राजनीति को पुनर्जीवित कर दिया और इसे 'राजनीति करने के एक तरीके' के रूप में पेश किया। जातीय राजनीति का यह पुनरुत्थान, जैसा कि श्रीनिवास ने कहा था (श्रीनिवास 1996), सिर्फ एक दिन में लिया गया फैसला नहीं था कि सवेरे जगे और पिछड़ी जातियों में अपनी पैठ बनाने के लिए मंडल आयोग की अनुशंसा

को लागू करने का फैसला कर दिया। यह भारतीय आधुनिकता में उद्भूत कमजोरियों को पुनर्विकसित करने का प्रयास भर नहीं था। 1990 के दशक में जाति बिलकुल अलग रूप में हमारे सामने प्रकट हुई। वास्तव में, इसी दौरान कुछ महत्त्वपूर्ण प्रक्रियाओं द्वारा लोकतांत्रिक भारत में जाति-आधारित राजनीति का अलग अर्थों में विस्तार दिखा।

दलित राजनीति का उभार

प्रतिस्पर्धात्मक राजनीति में उनकी भागीदारी और सार्वजनिक क्षेत्र के बढ़ते 'धर्मनिरपेक्षता' के बावजूद, जाति समूह में अभी भी असमानता है। जाति में असमानता सिर्फ कर्मकांड तक ही सीमित नहीं थी बल्कि वह और अधिक व्यापक था। भारत के मुख्य भू-भाग में जातीय आधार पर आर्थिक संरचनाओं का विकास हुआ है। लोकतंत्र में राजनीति का द्वार तो सबके लिए खुला है, लेकिन विभिन्न सामाजिक समूह विभिन्न प्रकार के संसाधनों के साथ लोकतांत्रिक राजनीति में प्रवेश करते हैं। उदाहरण के लिए, लोकतांत्रिक राजनीति में मध्य जमींदार जातियों का आना आसान था, क्योंकि वे लोकतांत्रिक राजनीति की शुरुआत अपनी जाति का अतिरिक्त वोट जाति के राजनीतिकरण के चलते पा लेता है। जबकि दूसरी ओर, जाति में नीचे कही जाने वाली जाति के लोग सामाजिक और राजनीतिक बहिष्कार महसूस करते रहे। वास्तव में, कुछ क्षेत्रों में, राज्य की राजनीति में मध्य जाति समूहों के उदय का मतलब गाँव और स्थानीय स्तर पर दलितों से निपटने के लिए एक मजबूत हथियार था।

जमीनी स्तर पर लोकतांत्रिक राजनीति का बढ़ता एकीकरण भारतीय राजनीति के व्याकरण में बहुत ही महत्त्वपूर्ण बदलाव लाया। राजनीतिक वैज्ञानिकों ने इसे 'विचारधारा की राजनीति' से 'प्रतिनिधित्व की राजनीति' (यादव 1999; पलशिकर 2004) के रूप में चिह्नित किया है। यह बदलाव 1980 और 1990 के दशक में स्पष्ट था और इस अवधि के दौरान सामाजिक और राजनीतिक गोलबन्दी भी दिखाई दे रही थी। हाशिये के लोगों की बड़े पैमाने

पर गोलबन्दी करने के अलावा इन आन्दोलनों ने विकास और सामाजिक परिवर्तन के सवाल पर प्रचलित लोकप्रिय समझदारी की भी आलोचना की, जिसे भारतीय राज्यसत्ता काफी उत्साह से लागू करती आ रही थी। दिलचस्प बात यह है कि यह वही समय था जब भारत में आर्थिक सुधार लागू करना शुरू कर दिया गया था। अगले दशक में उदारीकरण की नीतियों की शुरुआत हुई और आर्थिक क्षेत्र से राज्य की क्रमिक वापसी का दौर भी शुरू हुआ और इस तरह विकास के नेहरूवादी ढाँचे का अन्त हुआ।

इस परिवर्तन से विभिन्न प्रकार की पहचान की राजनीति की शुरुआत हुई। इस नये सन्दर्भ में देश के विभिन्न हिस्सों में दलित समूहों द्वारा पहचान की राजनीति की भाषा में जाति का प्रश्न भी शामिल किया जाने लगा। (देखें, जोधका 2001) हालाँकि, जैसा कि अध्याय 4 में चर्चा की गई है, ज्योतिबा फुले और बी.आर. आम्बेडकर जैसे लोगों के नेतृत्व में औपनिवेशिक काल में ही दलित राजनीति का उभार हो गया था। 1980 के दशक तक, सामान्यतया दलित प्रश्न विकास के राष्ट्रवादी एजेंडे के अधीन ही रहे। चुनावी तौर पर अनुसूचित जातियाँ ज्यादातर मुख्यधारा की राजनीतिक पार्टी कांग्रेस के साथ गठबन्धन किया करते थे। दलितों की अलग पहचान की राजनीति केवल महाराष्ट्र, कर्नाटक, या आंध्र प्रदेश जैसे राज्यों में कुछ हिस्सों में थी जो मोटे तौर पर शहरीकरण से पैदा हुई थी जो साहित्य व विभिन्न तरह के सांस्कृतिक गतिविधियों द्वारा दलित पहचान के सवाल को उठा रहे थे। (मेंडेलसन और विकजियानी 2000)

पिछले दिनों में दलित मध्यवर्ग का आकार बढ़ता गया, जिसका मुख्य कारण सरकारी नौकरियों और शैक्षणिक संस्थानों में आरक्षण की नीति रही है। जैसे-जैसे उनकी संख्या बढ़ती गई, उन्होंने कार्यस्थल पर हो रहे सामाजिक भेदभाव और जाति आधारित पूर्वग्रह को खत्म करने के लिए आवाज उठाना शुरू किया। उन्होंने अनुसूचित जाति के कर्मचारियों का अलग से संगठन बनाना शुरू किया और अपने स्वजातियों के साथ हो रहे भेदभाव के खिलाफ खुद को संगठित किया। इसी आधार पर आम्बेडकर को दलित पहचान के सार्वभौमिक प्रतीक और उनकी आकांक्षाओं के प्रतीक के रूप में 'फिर से खोजा गया'। (जिलियट 2001)

जब भारत में वैचारिक और सामाजिक माहौल बदल रहा था उसी समय ग्रामीण स्तर पारम्परिक और सामाजिक व्यवस्था का भी क्षरण हो रहा था। आजादी के शुरुआती तीन दशकों के बाद सरकार द्वारा चलाए गए ग्रामीण विकास कार्यक्रमों से लाभान्वित 'शुद्ध' प्रमुख जातियों ने भी लोकतांत्रिक राजनीति में परिवर्तन के इस बयार को महसूस करना शुरू कर दिया था। ग्रामीण अर्थव्यवस्था में सामाजिक रूप से जिनकी हैसियत अधिक थी, उन्होंने शहरों का रुख करना शुरू कर दिया (जोधका 2006) और नीचे तबके के लोगों ने उनकी हैसियत पर सवाल उठाना शुरू कर दिया। तीन से चार दशकों तक लोकतांत्रिक राजनीतिक प्रक्रिया में भाग लेने से भी उन लोगों में आत्मविश्वास और खुद के होने के वजूद की भावना पैदा की।

जैसा कि पहले भी इसका उल्लेख किया गया है, 1980 के दशक तक यह कहने का कोई प्रमाण नहीं था कि ग्रामीण विकास से लोकतंत्रीकरण की प्रक्रिया मजबूत हुई थी। अगर जाति के सन्दर्भ में बात करें, तो वे ऊँची जाति के जमींदार और वर्गीय रूप से देखें तो वे समृद्ध व साहूकार थे जिनके पास जमीन थी, वही ग्रामीण अर्थव्यवस्था (थॉर्नर 1956) को नियंत्रित कर रहे थे। विभिन्न विद्वानों के अध्ययन से पता चलता है कि ग्राम पंचायतों में शक्ति का केन्द्र परम्परागत रूप से उसी के हाथ में रहती है जो पहले से ताकतवर होते हैं या कह लीजिए कि सत्ता का संचालन पुराने जमींदार ही करते हैं। (फ्रैंकलिन और राव 1990)

हाल के अध्ययनों से पता चलता है कि गाँव की सामाजिक संरचना में हुए बदलाव के चलते पारम्परिक शक्तिशाली लोगों का वर्चस्व कमजोर पड़ा है। उदाहरण के लिए, ओलिवर मेंडेलसन का कहना है कि '1980 के दशक के अन्त तक ग्रामीण राजस्थान में 'प्रभुत्वशाली जाति' की बात सामने नहीं आई थी। 'निम्न-जाति और अछूत जातियाँ' भी पहले की तुलना में अब आर्थिक और आनुष्ठानिक वरिष्ठों के प्रति उतने उपकृत महसूस नहीं करते हैं। (मेंडेलसन 1993 : 808) इसी तरह, भारत के गाँवों में भूमि और प्राधिकरण के रिश्ते को खत्म कर दिया गया जो क्रान्तिकारी नहीं तो ऐतिहासिक परिवर्तन तो था ही'। (वही, 807)

कर्नाटक के अनुभव के आधार पर कारंत (1996) का कहना है कि पेशे के साथ जातीय आधार पर जुड़े पारम्परिक पेशे का रिश्ता कमजोर पड़ा है और जजमानी का रिश्ता तेजी से खत्म होता जा रहा है। पंजाब के 51 गाँवों के एक व्यापक सर्वेक्षण में मैंने खुद पाया कि ग्रामीण पंजाब में भी जजमानी या बालूतेदारी प्रथा पूरी तरह खत्म हो गई है। (जोधका 2002) कुछ व्यवसायों को छोड़कर, जाति और व्यवसाय के बीच का पुराना रिश्ता अब ग्रामीण पंजाब में कहीं देखने को नहीं मिलता है। इसके अलावा, पंजाब में दलितों ने भी गाँव की अर्थव्यवस्था से खुद को दूर करना शुरू कर दिया और स्थानीय जाटों के स्वामित्व वाले खेतों पर काम करना बन्द कर दिया है। वे अब ग्रामीण शक्ति संरचना में अपनी स्वायत्तता स्थापित करने के लिए अपने धार्मिक स्थलों और सामुदायिक भवनों जैसे खुद के सांस्कृतिक केन्द्रों का निर्माण कराने की कोशिश कर रहे हैं।

वर्तमान परिदृश्य में, स्थानीय दलितों ने समान अधिकारों के लिए जोर देना शुरू कर दिया है और उन संसाधनों पर बराबरी का अधिकार चाहने लगे हैं जिन पर अभी तक गाँव के कुछ प्रमुख लोगों का नियंत्रण था। दलित समुदायों के बीच हक और अधिकार का परिणाम है कि ग्रामीण पंजाब से लगातार जातिगत संघर्ष और हिंसा की बात आ रही है। (जोधका और लुई 2003) बिहार के एक अध्ययन में ग्रामीण क्षेत्र में इसी पारम्परिक जजमानी सम्बन्धों के खत्म होने की बात कही गई है। यहाँ भी व्यावसायिक विकल्प के लिए गाँव के लोग स्वतंत्र थे, उनके ऊपर इसका कोई दबाव नहीं था कि वे अपना पुराना जातीय पेशा ही चुनें। (सहाय 2004)

इसी बदले हुए परिप्रेक्ष्य में ही हमें दलितों के बीच के हलचल के बारे में बात करने की जरूरत है। पुराने अछूत समुदायों के बीच से उभरे राजनीतिक उद्यमियों ने 'दलित पहचान' के विचार का इस्तेमाल किया और अनुसूचित जाति के समुदायों को विकास के वादे को एकजुट करने में सफल रहा। उसी पहचान से उभरे कांशीराम और मायावती ने इसमें बहुत अच्छी सफलता भी पाई है। (शाह 2001; पई 2002)

लगभग हर जगह दलित मानव अधिकार और राजनीतिक अधिकारों के प्रति मुखर हो गए हैं। (मेंडेलसन और विकजियानी 2000 : 1) अतीत में जो भी परिस्थिति रही हो, आज पुराने अछूतों में से बहुत कम लोग स्वाभाविक रूप से यह स्वीकार करेंगे कि निम्न हैसियत को वह स्वाभाविक मानते हैं कि यह भाग्य का लिखा खेल है। (चार्ल्से और कारंत, 1998) आज वे भी हर परिस्थिति में अधिक आरामदायक जिन्दगी की आकांक्षा रखते हैं और अधिक-से-अधिक गरिमा की माँग भी करते हैं। (डेलीगे 1999 : 1)

जाति मायने रखती है

हालाँकि, इसका मतलब यह नहीं है कि उनकी सामाजिक स्थितियाँ अधिक आरामदायक या सहज हो गई हैं। सच्चाई इससे अलग है। कुछ विद्वानों ने कहा है कि वैचारिक रूप से जाति काफी कमजोर हुई है और अस्पृश्यता के पुराने रूप कमजोर पड़े हैं, लेकिन स्थानीय प्रमुख जातियों द्वारा दलितों पर अत्याचार बढ़े हैं, कम-से-कम देश के कुछ हिस्सों में। (जोधका 2000; शाह 2000; मोहंती 2007) दलितों के खिलाफ अत्याचार के मामलों की विस्तृत समीक्षा करने के बाद एक वरिष्ठ राजनीतिक वैज्ञानिक ने निष्कर्ष निकाला—

> आँकड़ों के इस हिस्से से जो संचयी तसवीर सामने आई है, वह बताती है कि दलितों के खिलाफ हिंसा की तीव्रता में वृद्धि हुई है, भले ही कुछ वर्षों में रिपोर्ट किये गए अत्याचारों के मामलों में गिरावट आई हो। (मोहंती 2007 : 4)

दलित पहचान का उदय और लोकतांत्रिक राजनीति में उनकी बढ़ती भागीदारी वास्तव में एक सकारात्मक बदलाव और जाति की ताकत के कमजोर पड़ने का प्रमाण है। हालाँकि, जैसा कि ऊपर जिक्र किया गया है, विभिन्न जाति समूह अलग-अलग संसाधनों के साथ आर्थिक और राजनीतिक जीवन में भाग लेते हैं। मौजूदा समय में पारम्परिक रूप से हाशिये पर रहे

जाति समुदायों को राजनीतिक प्रक्रिया में भाग लेने से स्थानीय रूप से रोकना प्रमुख समूहों के लिए काफी मुश्किल हो गया है, लेकिन इसका मतलब यह नहीं है कि सामाजिक असमानता या जाति और हैसियत जैसी व्यवस्था खत्म हो गई है। दलित (कुछ मामलों में ओबीसी) होने के नाते वंचित रहना और सामाजिक बहिष्कार झेलना अब भी एक सच्चाई है। तथ्य यह है कि जाति से जुड़ी हिंसा लगभग हमेशा से एकतरफा मामला रही है। इसमें दलित हिंसा झेलता रहा है। अब वह भी जाति समूहों के स्तर पर असमानताओं को लेकर कहने लगा है कि अब बहुत हुआ।

निश्चित रूप से सकारात्मक कार्रवाइयों (Affirmative action) और अन्य सरकारी नीतियों का भारत के दलितों पर सकारात्मक प्रभाव पड़ा है। इसी प्रकार, विधायी उपायों ने भी स्थिति को बदला है। आज ये उपाय विकास व सशक्तीकरण के लिए संघर्ष कर रहे नागरिक अधिकार संगठनों और दलित कार्यकर्ताओं के हाथों के उपयोगी उपकरण बन गए हैं। हालाँकि, जातिगत सम्बन्धों की कठोरता और जड़ पारम्परिक मानसिकता की वजह से दलितों की स्थिति में आमूलचूल परिवर्तन नहीं देखा गया। यहाँ तक कि आर्थिक क्षेत्र में पूँजीवादी सम्बन्धों के प्रभावी होने के बावजूद जाति ने वर्ग जैसी पहचान के लिए रास्ता नहीं बनने दिया। जातिगत पूर्वग्रह और जाति आधारित सामाजिक बहिष्कार समकालीन भारत में भी शहरी जीवन का एक तथ्य है। अनुभवजन्य रूप से, अध्ययन बताते हैं कि 'शिक्षा के बदले कमाई का स्तर दूसरों की तुलना में दलितों में कम है।' (विश्वबैंक 2011 बी)

तालिका-4
अनुसूचित जाति परिवारों के पास भूमि के अनुसार भूमिहीन और लगभग भूमिहीन परिवारों का प्रतिशत, 1999-2000

राज्य	भूमिहीन	निकट-भूमिहीन	भूमिहीन प्लस निकट-भूमिहीन
आंध्र प्रदेश	6.9	64.70	71.60
असम	2.5	56.10	58.60
बिहार	23.8	67.10	90.90
गुजरात	18.1	61.20	79.30
हरियाणा	5.7	86.10	91.80
हिमाचल प्रदेश	0.9	68.40	69.30
जम्मू और कश्मीर	0.5	51.90	52.40
कर्नाटक	3.6	59.30	62.90
केरल	4.2	89.60	93.80
मध्य प्रदेश	13.7	33.9	47.60
महाराष्ट्र	16.7	54.80	71.50
उड़ीसा	1.4	67.1	68.50
पंजाब	12.2	82.50	94.70
राजस्थान	3	37.30	40.30
तमिलनाडु	15.1	73.60	88.70
उत्तर प्रदेश	5.3	66.50	71.80
पश्चिम बंगाल	6	76.20	82.20
भारत	10	65.00	75.00

स्रोत : थोराट (2009 : 251)।

उनकी आर्थिक स्थिति के मामले में भी ऐसा ही प्रतीत होता है। तुलनात्मक रूप से देखें तो अनुसूचित जातियों का एक बड़ा हिस्सा गैर-अनुसूचित जातियों की तुलना में गरीबी और अभाव का जीवन जीता है। ऐसा विशेष रूप से ग्रामीण भारत में रहने वालों के साथ है। भारत की जनसंख्या के हिसाब से देखें, तो अन्य वर्गों की तुलना में दलितों का एक

बड़ा हिस्सा ग्रामीण क्षेत्रों में रहता है और ये दलित असुरक्षित असंगठित क्षेत्र में काम करते हैं। जैसा कि तालिका-4 से स्पष्ट है, भारत में लगभग 75 प्रतिशत दलित भूमिहीन या बहुत कम भूमि वाले हैं। बिहार, हरियाणा, पंजाब और केरल में 90 प्रतिशत से अधिक दलित परिवारों की स्थिति ऐसी है। ऐसे परिदृश्य का स्पष्ट अर्थ यह है कि दलित केवल निम्न भुगतान वाले क्षेत्रों में ही काम पाते हैं। वर्ष 1999-2000 में कुल ग्रामीण अनुसूचित जाति के परिवारों में से 61.42 प्रतिशत परिवार मजदूरी करते थे। इसके विपरीत, बहुत कम अनुपात (32 प्रतिशत) में गैर-एससी/एसटी ग्रामीण परिवार मजदूरी के कामों में लगे थे। (थोराट 2009 : 253 में)

शहरी श्रम बाजार में जाति

गाँव के सामाजिक व्यवस्था क्रम का टूटना वास्तव में जाति पदानुक्रम में निचले पायदान पर रहने वाले लोगों के लिए एक सशक्त बदलाव है। इन निचले तबके के लोगों की एक बड़ी संख्या अब गाँव और कृषि अर्थव्यवस्था के बाहर रोजगार की तलाश कर रही है। पिछले कुछ वर्षों में कृषि क्षेत्र में भी रोजगार की उपलब्धता कम हुई है। ऐसी स्थिति उन विशेष क्षेत्रों में ज्यादा है जहाँ मशीनीकरण के दूसरे चरण ने मानव श्रम की माँग को काफी कम कर दिया है। हालाँकि, सम्पत्ति से वंचित और गरीब होने के कारण उनके लिए गाँव और कृषि अर्थव्यवस्था से बाहर व्यवहार्य रोजगार खोजना बहुत आसान नहीं है। इनमें से जो लोग शहर आ जाते हैं वे असंगठित क्षेत्र की नौकरियों तक ही सीमित रह जाते हैं। इस क्षेत्र में मजदूरी की दरें कम और असुरक्षा अधिक है। उदाहरण के लिए, वर्ष 2004-5 में असंगठित क्षेत्र में काम करने वाले मजदूरों में 29 प्रतिशत लोग अनुसूचित जाति से थे, जबकि इन क्षेत्रों में काम करने वालों में केवल 8 फीसदी तथाकथित सामान्य वर्ग से थे। (देखें, तालिका-5) स्वरोजगार श्रेणी में भी उनका अनुपात काफी कम है। इससे पता चलता है कि उनके बीच रोजगार पैदा करने वाली परिसम्पत्तियों का स्वामित्व काफी कम है।

हालाँकि, शहरी क्षेत्रों में अनुसूचित जाति को सरकारी क्षेत्र में नियमित रोजगार मिलने की सम्भावना रहती है, लेकिन यहाँ भी निचले स्तर के कामों में उनकी हिस्सेदारी ज्यादा है। उदाहरण के लिए, केन्द्र सरकार के मंत्रालयों में काम करने वाले सफाई कर्मचारियों (स्वीपर्स) में 65 फीसदी से ज्यादा दलित हैं। ये वे समुदाय हैं जो परम्परागत रूप से मैला ढोने के कामों से जुड़े रहे हैं। इसके विपरीत उच्च वेतन वाले कामों या तकनीकी कामों में केवल दो फीसदी अनुसूचित जाति के युवा हैं, जबकि इसमें सामान्य जाति परिवारों के 8 प्रतिशत लोग काम करते हैं। (विश्वबैंक 2011 ए : 231)

तालिका-5

विभिन्न जाति श्रेणियों में रोजगार का प्रकार

रोजगार प्रकार	एससी	ओबीसी	सामान्य	सभी
स्व-रोजगार	28	41	37	38
नियमित रोजगार	9	9	14	10
आकस्मिक श्रम	29	16	8	17
श्रम बल में नहीं	30	32	38	33

स्रोत : विश्वबैंक (2011 ए : 231), 2004-5 एनएसएसओ डेटा पर आधारित।

समावेशी विकास के वादे के बावजूद वैश्वीकरण और उदारीकरण की प्रक्रिया ने हमेशा दलितों के पक्ष में काम नहीं किया। नई आर्थिक नीति के तात्कालिक प्रभावों के बारे में बात करें तो सरकारी क्षेत्र में नौकरियों की उपलब्धता में तेजी से गिरावट आई है, जहाँ दलितों के पास कोटा प्रणाली के तहत नौकरी हासिल करने का मौका था। यह दिलचस्प है कि मध्य और निचले स्तर की वे नौकरियाँ सिकुड़ रही हैं जहाँ दलितों की उपस्थिति आम तौर पर ज्यादा थीं। जैसा कि तालिका-6 से स्पष्ट है, सरकारी नौकरियों में दलितों की समग्र हिस्सेदारी 1994 और 2004 के बीच लगभग 17 प्रतिशत बनी रही, लेकिन उनकी संख्या 6,02,670 से घटकर 5,21,423 हो गई।

इसके अलावा समूह ए और बी श्रेणियों की सरकारी नौकरियों में अनुसूचित जातियों की संख्या में सापेक्ष और निरपेक्ष रूप से बढ़ोतरी हुई, लेकिन समूह सी और डी की नौकरियों में उनकी संख्या में काफी गिरावट आई।

तालिका-6
1994, 1999 और 2004 में केंद्र सरकार की सेवाओं में एससी प्रतिनिधित्व

	1994			1999			2004		
	कुल	अनुसूचित जाति	कुल का %	कुल	अनुसूचित जाति	कुल का %	कुल	अनुसूचित जाति	कुल का %
ए	59,016	6,046	10.25	93,520	10,558	11.29	80,011	9,744	12.2
बी	1,03,198	12,442	12.06	1,04,963	13,306	12.68	1,35,409	19,602	14.5
सी	23,81,613	3,74,758	15.73	23,96,426	3,78,115	15.78	20,40,970	3,44,865	16.9
डी	10,23,285	2,09,423	20.47	9,49,353	1,89,761	19.99	8,02,116	1,47,212	18.4
कुल	35,67,112	6,02,670	16.9	35,44,262	5,91,740	16.7	30,58,506	5,21,423	17.05

स्रोत : वार्षिक रिपोर्ट, डीओपी एंड टी, भारत सरकार, जैसा कि ग्यारहवीं पंचवर्षीय योजना, खंड 1, योजना आयोग में है। http://planningcommission.nic.in/plans/planrel/ fiveyr/11th/11_v1/11th_vol-1.pdf (पृ. 107) पर उपलब्ध, 20 अक्टूबर, 2009 को एक्सेस किया गया।

क्या निजी क्षेत्र के रोजगार में जाति मायने रखती है? ऐतिहासिक रूप से भारत के साथ दुनिया के अन्य जगहों में भी निजी उद्योगों का स्वामित्व कुछ सामाजिक/सांस्कृतिक समूहों के हाथों में केन्द्रित रहा है और इसकी शीर्ष नौकरियों को हमेशा परिवार के भीतर रखा जाता रहा है। अन्य नौकरियों के लिए भर्ती केवल तभी बाहरी लोगों के लिए खोली जाती थी जब जरूरी लोग अपने समुदाय या व्यापक परिजन-समूह के भीतर उपलब्ध नहीं होते थे। पिछले दो या तीन दशकों में भारतीय कॉरपोरेट क्षेत्र की संस्कृति में काफी बदलाव आया है। बड़ी कम्पनियाँ अब परिवार के सदस्यों द्वारा नहीं चलाई जाती हैं। यहाँ तक कि परिवार के कुछ सदस्यों के इसमें शामिल होने के बावजूद ज्यादातर काम ऐसे पेशेवर करते हैं जिनका चयन अधिकतर 'मेरिट' पर होता है।

कॉरपोरेट जगत की आत्म-छवि के लिए योग्यता या मेरिट पवित्र शब्द है, लेकिन इनके चयन की प्रक्रिया शायद ही कभी पारदर्शी रही। इनके चयन के सबसे लोकप्रिय तरीके हैं :

(i) हायरिंग एजेंसियाँ जैसे 'हेड-हंटर्स'
(ii) कैम्पस इंटरव्यू, और
(iii) आन्तरिक सिफारिशें। इसके अलावा इन कॉरपोरेट कम्पनियों का एक अच्छा खासा काम आउटसोर्सिंग के माध्यम से भी करवाया जाता है।

एक उपयुक्त उम्मीदवार कौन होता है और वे उन लोगों की योग्यता का आकलन कैसे करते हैं जो निजी क्षेत्र में शीर्ष स्तर की नौकरियों के लिए चुने जाते हैं? दिल्ली में 2006 और 2007 के दौरान कॉरपोरेट हायरिंग मैनेजरों को लेकर किये गए एक अध्ययन के वक्त जोधका और न्यूमैन (2007) ने पाया कि एक उम्मीदवार की उपयुक्तता का आकलन केवल उसकी योग्यता के आधार पर शायद ही कभी किया जाता है। जिन हायरिंग मैनेजरों से बात की गई उनमें से करीब-करीब सभी ने इस बात को स्वीकार किया कि वे सम्भावित उम्मीदवार से साक्षात्कार के दौरान उनकी 'पारिवारिक पृष्ठभूमि' के बारे में पूछते हैं। यह उनके सबसे अहम सवालों में से एक होता है। उनके मुताबिक, पारिवारिक पृष्ठभूमि को देखना इसलिए जरूरी होता है ताकि वे कम्पनी की संस्कृति में फिट बैठ सकें। वरिष्ठ स्तर पर हायरिंग में एक और अहम कारक देखा जाता है, वह है उम्मीदवार का भाषाई कौशल। यानी अंग्रेजी में धाराप्रवाह बोलने और संवाद करने की उनकी क्षमता। दूसरे शब्दों में कहें तो...अहम योग्यता, 'सांस्कृतिक पूँजी' (बॉर्डियू 1986) की तरह थी, जिसे पास करना ही होता था। हायरिंग मैनेजर भी यह मानते हैं कि यह चीज काफी हद तक व्यक्ति की जाति, उसके रहने की जगह (ग्रामीण/शहरी) से तय होती है। इससे पता चलता है कि उक्त व्यक्ति ने किस तरह के स्कूल में पढ़ाई की थी।

दिल्ली में विश्वविद्यालय छात्रों और नौकरी पाने के बारे में उनकी धारणाओं व अनुभवों को लेकर किये गए एक-दूसरे अध्ययन से भी यह पता चला कि पुराने समय में अछूत कहे जाने वाले समुदायों के छात्र ही अपनी जाति सम्बन्धी बोझ को ढोने पर मजबूर थे, भले ही वे अच्छी तरह से शिक्षित थे और वे शहरी क्षेत्र में नौकरियाँ तलाश रहे थे। भावी नियोक्ता एससी छात्रों से जाति-व्यवस्था और आरक्षण नीति की प्रासंगिकता के बारे में हमेशा सवाल पूछते थे। ऊँची जातियों के छात्रों से ऐसे सवाल कभी नहीं पूछे गए। जब निजी क्षेत्र के नियोक्ता आरक्षण की वैधता के बारे में खास प्रश्न पूछते थे, तो इन छात्रों को रक्षात्मक हो जाना पड़ता था। ये अभ्यर्थी इस तरह के प्रश्न पूछे जाने को पसन्द नहीं करते थे। उन्हें ऐसा लगता था कि जैसे उन्हें अपनी ही जीवनी का बचाव करने के लिए कहा जा रहा है। (देशपांडे 2011 : 182-212)

सांस्कृतिक पूँजी के अलावा, सामाजिक नेटवर्क या सामाजिक पूँजी (पुटमैन 1993) की प्रकृति से भी एक व्यक्ति शहरी बाजार में अपने लिए सम्भावनाओं को परखता है। जाति और परिवार भारत में सामाजिक पूँजी के दो महत्त्वपूर्ण तत्त्व हैं। ये अलग-अलग जाति समूहों के लिए अलग-अलग तरीके से आर्थिक गतिशीलता की सम्भावनाओं पर प्रभाव डालते हैं। उदाहरण के लिए, जाति पदानुक्रम के निचले स्तर से आने वाले व्यक्ति के लिए शहर में स्वतंत्र व्यवसाय स्थापित करने की सम्भावना अक्सर उनकी जाति की स्थिति से तय होती है। सबसे पहले, पुराने समय में अछूत कहे जानेवाले समुदायों के लोगों के पास न केवल बहुत कम कृषि भूमि थी, बल्कि उनकी ऋण लेने और पूँजी हासिल करने तक भी कोई पहुँच नहीं थी। हालाँकि, पिछले दो दशकों में उनमें से कुछ ने शहरी अर्थव्यवस्था में कदम रखा है और स्वयं का व्यवसाय शुरू करने की कोशिश की है। उनका अनुभव कैसा रहा?

हरियाणा और उत्तर प्रदेश (जोधका 2010) के शहरी क्षेत्रों में दलित उद्यमियों के एक हालिया सर्वे में यह पाया गया कि अन्य समुदायों के उनके समकक्षों की तुलना में उनके पास हमेशा आर्थिक संसाधनों की कमी थी। जब उनके पास आर्थिक संसाधन थे तब भी वे सामाजिक संसाधनों की कमी से जूझते थे।

यह दलितों के कुछ खास जाति समूहों के बारे में विशेष रूप से सही था। चमारों, जो परम्परागत रूप से कुछ प्रकार के व्यवसाय से जुड़े हुए हैं और चमड़े के उत्पादक और प्रदाता रहे हैं, शहरी व्यवसाय चलाने में अपेक्षाकृत अधिक सफल थे, वाल्मीकि सामाजिक और आर्थिक रूप से बहुत अधिक वंचित लग रहे थे।

भारत के पारम्परिक शहरी केन्द्रों में व्यापार उत्पादक संघों के जरिए चलते हैं और ये संघ ज्यादातर जाति और रिश्तेदारी के हिसाब से बनते हैं। छोटे शहरों के छोटे व्यवसायों/उद्योगों के बारे में यह विशेष रूप से लागू होता है। इन उत्पादक संघों पर क्षेत्र की परम्परागत रूप से प्रमुख व्यापारिक जाति का नियंत्रण या प्रभाव रहता है। जैसा कि अध्ययनों से पता चलता है, समुदाय और नाते-रिश्तेदारी ने हमेशा से व्यवसायों में महत्त्वपूर्ण भूमिका निभाई है। (रटेन 2003; मुंशी 2007) बीते समय में अछूत कहे जाने वाले समुदायों से आने वालों के लिए सांस्कृतिक और सामाजिक पूँजी की कमी एकमात्र समस्या नहीं है। उन्हें परम्परा से पैदा हुए कठोर सामूहिक पूर्वग्रह का भी सामना करना करना पड़ता है। इससे न केवल बाजार में उनकी सम्भावना कमजोर होती है, बल्कि इससे उनकी आत्म-छवि और आत्मविश्वास का स्तर भी प्रभावित होता है। दूसरे शब्दों में कहें तो वे लगभग हमेशा भेदभाव के रूप में जाति का अनुभव करते हैं।

उपसंहार

इस 'संक्षिप्त' परिचय में जाति के विभिन्न आयामों को इस विषय की जटिलताओं से समझौता किये बिना एक सुलभ भाषा में प्रस्तुत करने का प्रयास किया गया है। मेरा प्रयास जाति के विभिन्न दृष्टिकोणों और विविध अनुभवों का व्यापक अवलोकन प्रदान करना रहा है, जिस तरह से सामाजिक वैज्ञानिकों ने इसके बारे में लिखा और चर्चा की है। जैसा कि मैंने दिखाने का प्रयास किया है कि जाति का अर्थ और अनुभव बदलते रहता है, और यह इस पर निर्भर करता है कि जाति के बारे में किस अनुभव को प्राथमिकता दी जाती है। इस विषय पर ड्यूमॉन्ट का शास्त्रीय विचार (जैसा कि विभिन्न विद्वानों ने दिखाया है) जाति को उस रूप में प्रस्तुत करता है जिस रूप में इसे शास्त्रीय हिन्दू ग्रंथों में दिखागा गया है। इन ज्यादातर ग्रंथों को ब्राह्मणों ने लिखा है और इस तरह से इसमें जाति की वही कहानी प्रस्तुत की गई जिसे ब्राह्मण बताना चाहते थे। इस दृष्टि से जाति एक ऐसी संस्था थी जिसकी उत्पत्ति हिन्दू धर्म से हुई थी। इसकी मुख्य विशेषता इसका वैचारिक चरित्र था। इस परिप्रेक्ष्य में जाति की विचारधारा ने हिन्दुओं, उनके जीवन-जगत और व्यक्तिगत-सामाजिक पहचान के बीच सामाजिक सम्पर्क को आकार दिया। इस दृष्टिकोण के अनुसार, 'जाति' भारतीय सभ्यता की एक विशिष्ट विशेषता थी, जो दुनिया में कहीं और नहीं पाई गई। हालाँकि, पदानुक्रम और असमानता का विचार 'जाति' की मुख्य विशेषताएँ थीं, लेकिन कुल मिलाकर यह एक सांस्कृतिक वास्तविकता थी।

यह मूल रूप से 'वर्ग' की अवधारणा या श्रेणी से अलग थी। 'वर्ग' की अवधारणा पश्चिमी समाज की उत्पत्ति थी, जहाँ असमानताएँ आर्थिक और राजनीतिक जीवन की वास्तविकताओं से उत्पन्न हुई थीं। एक भारतीय या हिन्दू परम्परा के रूप में जाति, हैसियत पदानुक्रमों की एक प्रणाली थी जो सत्ता और आर्थिक सम्बन्धों की भौतिक दुनिया में स्वतंत्र रूप से काम करती थी।

हमने इस पुस्तक के विभिन्न अध्यायों में इसकी चर्चा की है, लेकिन बहुत कम विद्वान आज जाति के ऐसे दृष्टिकोण से सहमत हैं। जाति के केन्द्र में हैसियत पदानुक्रम की प्रणाली है और इसका वास्तव में एक वैचारिक आयाम भी है, लेकिन राजनीतिक और आर्थिक प्रक्रियाओं में इसे स्वतंत्र रूप से नहीं अपनाया जा सका। हिन्दू मानसिकता कोई अनोखी चीज नहीं है। इससे भी महत्त्वपूर्ण बात यह है कि जाति आधारित अन्तर केवल दक्षिण एशियाई क्षेत्र के हिन्दुओं में ही नहीं है। यह अन्य धार्मिक समुदायों में भी मौजूद है, भले ही उसका तरीका अलग हो। विद्वानों द्वारा अलग-अलग दृष्टिकोणों से जाति के बारे में किये गए अनुभवजन्य अध्ययनों से पता चलता है कि जाति सत्ता और अर्थव्यवस्था के साथ निकटता से जुड़ी हुई थी। उदाहरण के लिए, जाति पदानुक्रम की प्रणाली ने सीधे तौर पर कृषि या भूमि सम्बन्धों को आकार दिया, इसके बदले में इसने इसे (जाति को) आगे बनाए रखने में महत्त्वपूर्ण भूमिका निभाई। जैसा कि इतिहासकारों ने मध्ययुगीन और प्राचीन भारत के बारे में अपने शोध के माध्यम से दिखाया है कि जाति और रीति-रिवाज से यह तय होता था कि कौन हल जोत सकता और जमीन रख सकता है और कौन नहीं। यह देखते हुए कि जाति और भूमि के सम्बन्ध गहराई से जुड़े हुए थे, उन्होंने आर्थिक असमानताओं का दिखावा किया और इसे उस वक्त के राजनीतिक शासन के साथ निकटता से जोड़ दिया। ऐतिहासिक शोधों से पता चला है कि जिस तरीके से ब्रिटिश औपनिवेशिक शासकों ने मूल आबादी को विभिन्न श्रेणियों में वर्गीकृत किया था, उससे भी जाति के बारे में हमारी जानकारी को आकार मिला।

जैसा कि अध्याय 2 में चर्चा की गई है, 1950 और 1960 के दशक के दौरान सामाजिक मानव विज्ञानियों ने भारतीय गाँव का अनुभवजन्य अध्ययन किया।

इसमें स्पष्ट दिखाया गया है कि जाति सत्ता का एक आयाम थी। इन अध्ययनों से यह भी पता चला कि जाति की जमीनी हकीकत एक क्षेत्र से दूसरे क्षेत्र में भिन्न थी। वास्तव में, ब्राह्मणों को केवल उन क्षेत्रों में उच्च हैसियत हासिल थी जहाँ वे बड़े जमींदार थे और सत्ता के शासन के करीब थे। सत्ता और हैसियत के बीच कोई विरोधाभास नहीं था। उप-महाद्वीप के कुछ क्षेत्रों में, जैसे कि पंजाब में ब्राह्मणों को गैरजरूरी माना जाता था। इसके बावजूद वहाँ जाति संस्था मजबूत रही। इस प्रकार ऐतिहासिक और अनुभवजन्य अध्ययनों से जाति के बारे में सामने आया परिप्रेक्ष्य जाति पदानुक्रम की एक अलग तसवीर प्रस्तुत करता है।

जाति के बारे में एक और लोकप्रिय मिथक इसकी अपरिवर्तनीय और चुनौती नहीं दी जा सकने वाली इसकी प्रकृति रही है। ऐतिहासिक और अनुभवजन्य साहित्य में इसका भी विरोधाभास मिलता है। जैसा कि मैंने अध्याय 3 और 4 में चर्चा की है कि जाति पदानुक्रम के निचले पायदान के लोग अक्सर इसकी वैधता पर सवाल उठाते हैं। यहाँ तक कि पदानुक्रम के ढाँचे को स्वीकार करने के बावजूद खास समुदायों ने पदानुक्रम की प्रणाली में अपनी हैसियत को लेकर चुनौती पेश की। इसके लिए उन्होंने कभी अपने जाति समुदाय की उत्पत्ति के लोकप्रिय मिथकों का तर्क दिया, तो कभी सामूहिक गतिशीलता के माध्यम को अपनाया। मलिनता की रेखा से नीचे जीवन जीने वालों के लिए जाति हमेशा से 'अपमानित' करने वाली चीज रही है। वह जाति जिसने समाज में उनकी स्थिति निम्न बनाई और हिंसा, अभाव और भूख जैसी स्थितियाँ पैदा की।

आजादी के बाद जाति सम्बन्धों में बदलाव की गति वास्तव में तेज हुई। ऐसा सरकार की सकारात्मक नीतियों और भारतीय अर्थव्यवस्था में आए संस्थागत बदलाव, आधुनिकीकरण की प्रक्रिया और विकास के कारण हुआ। भारत के पारम्परिक कृषि और ग्रामीण समाज से एक आधुनिक औद्योगिक अर्थव्यवस्था बनने का मानव सामाजिक जीवन के हर पहलू पर असर पड़ा। सामाजिक और आर्थिक परिवर्तन की इन प्रक्रियाओं से जमीन पर न केवल विभिन्न जातियों के बीच सम्बन्धों के सन्दर्भ और सामग्री में परिवर्तन आया,

बल्कि इसने जाति समुदायों की आन्तरिक संरचना को भी बदल दिया। अपनी भौगोलिक स्थिति से परे जाति समुदाय ने आन्तरिक पृथक्करण की एक प्रक्रिया का अनुभव किया है। कुछ गरीब हो गए, कुछ अमीर हो गए और कुछ इन दोनों के बीच में हैं। अब एक विशेष जाति समूह को एक विशिष्ट व्यवसाय या जीवन के विशिष्ट तरीके से जोड़ना कठिन होता जा रहा है।

हम यहाँ से कहाँ जाएँगे? अगर हमें जाति के बारे में बात करनी ही है, तो वह कैसे करनी चाहिए?

कुछ लोग यह तर्क देंगे कि समकालीन सन्दर्भ में (नाते-रिश्तेदारी से सम्बन्धित मामलों को छोड़कर) जाति काफी हद तक महत्त्वहीन हो गई है। विशेष रूप से शहरी भारत में ऐसी ही स्थिति है। यद्धपि, सार्वजनिक जीवन में भेदभाव और असमानताएँ अब भी मौजूद हो सकती हैं, या यह पहले की तुलना में ज्यादा हो सकती हैं, लेकिन उनका चरित्र बदल गया है। आज पूँजीवादी अर्थव्यवस्था इसको आकार दे रही है और इस प्रकार मुख्य रूप से इसकी प्रकृति आर्थिक है। यह सभी आधुनिक समाजों की एक सामान्य विशेषता है, जिसे वर्ग विभेद के रूप में देखा जाना चाहिए। यहाँ तक कि अगर एक आधुनिक व्यवसाय और जाति का कभी-कभार या लगातार घालमेल होता है तो इसे आकस्मिक तथ्य के रूप में देखा जाना चाहिए, न कि जातिगत पदानुक्रम की पुरानी परम्पराओं द्वारा निर्धारित चीज के रूप में।

कुछ लोग यह तर्क देंगे कि वर्तमान भारत में जाति मुख्य रूप से लोकतांत्रिक राजनीति में इसके उपयोग के कारण या जाति आधारित कोटा के कारण बनी हुई है। अगर राजनेता जाति समुदायों को 'वोट बैंक' के रूप में संगठित नहीं करते, तो क्या यह अब तक लगभग गायब हो चुकी होती? प्रतिस्पर्धी राजनीति में जाति-आधारित समुदायों की भागीदारी ने उन्हें प्रभावी रूप से समान बना दिया और इस तरह पेशागत और सामाजिक अलगाव की पारम्परिक पदानुक्रम प्रणाली ने अपने सभी वैचारिक आधार खो दिये। जाति समूहों ने खुद को जातीय समुदायों में बदल लिया है और पारम्परिक पदानुक्रम की व्यवस्था अब केवल सांस्कृतिक या वैचारिक अलगाव तक ही सीमित रह गई है।

वह अब नस्लीय पहचान के रूप में जीवित है, क्योंकि यह इन जाति समुदायों में नये उभरते अभिजात वर्ग के हित को साध रहा है।

हालाँकि, वास्तविकता यह है कि ये तर्क शहरी मध्यवर्गों के साथ लोकप्रिय हैं। ये अभी पूरी तरह से स्थायी नहीं हैं। जैसा कि हमने अध्याय 4 और 5 में देखा है, 'मलिनता की रेखा' से नीचे रहने वाले अधिकतर लोगों के लिए, पूर्व में अछूत कहे जाने वाले या एससी और जो इस रेखा के ठीक ऊपर हैं यानी तथाकथित निम्न-ओबीसी हैं, उनके लिए जाति अब भी अभाव का प्रमुख कारण है। जैसा कि आधिकारिक आँकड़ों से पता चलता है कि तथाकथित सामान्य श्रेणी के लोगों की तुलना में इनमें गरीब और भूमिहीनता/सम्पत्तिहीनता का अनुपात काफी अधिक है। वैसे तो पिछले 50 वर्षों में औपचारिक शिक्षा की पहुँच का विस्तार हुआ है, लेकिन उनके लिए उपलब्ध शिक्षा की गुणवत्ता संतोषजनक नहीं है। उनके बच्चे स्कूलों में दाखिला लेते हैं, लेकिन वे बीच में ही पढ़ाई छोड़ देते हैं। वे स्कूली शिक्षा के 10 वर्ष पूरे नहीं करते हैं। बीच में पढ़ाई छोड़ने का कारण सीधे उनकी जाति की स्थिति से जुड़ा हुआ है। यहाँ तक कि जो लोग कॉलेजों या व्यावसायिक डिग्री पाठ्यक्रमों में दाख़िले का इंतजाम कर लेते हैं वे पास होने के बाद नौकरी हासिल करने के वक्त पूर्वग्रह का अनुभव करते हैं। 'पारम्परिक पदानुक्रम' के निचले पायदान से आने वालों के लिए जाति की विरासत को मिटाना मुश्किल है। उनमें से कई के लिए जाति अब भी रिश्तेदारी और पारिवारिक मूल्यों से परे है। उनके लिए यह वंचित बनाने, वंचित रखने और भेदभाव का एक स्रोत है।

इस प्रकार जाति का समकालीन विमर्श परम्परा या गाँव के सामाजिक जीवन के बारे में नहीं है। इसे समावेशी नागरिकता, सार्वभौमिक अधिकारों, सहभागी लोकतंत्र और इन्हें संस्थागत बनाने की चुनौतियों के व्यापक रूप से स्वीकृत मापदंडों के सन्दर्भ में तैयार किया गया है।

सन्दर्भ ग्रंथ

Aggarwal P.C. 1983. *Halfway to Equality*. New Delhi: Manohar Publications.

Aloysius, G. 1998. *Religion as Emancipatory Identity: Buddhist Movement among the Tamils under Colonialism*. New Delhi: New Age International Publishers.

Ambedkar B.R. 1937/2007. *Annihilation of Caste*. New Delhi: Critical Quest.

———. 2002. 'Caste in India', in Ghanshyam Shah (ed.), *Caste and Democratic Politics in India*, pp. 83–107. Delhi: Permanent Black.

Appadurai, Arjun. 1988. 'Putting Hierarchy in Its Place', *Cultural Anthropology,* 3(1): S.36–49.

Arnold, David, Robin Jeffrey, and James Manor. 1976. 'Caste Associations in South India: A Comparative Analysis', *Indian Economic and Social History Review*, 23(3): 353–73.

Bailey, F.G. 1960. *Tribe, Caste and Nation*. Bombay: Oxford University Press.

Bailey, F.G. 1963. 'Closed Social Stratification in India', *European Journal of Sociology,* 4(1): 107–24.

Beltz, J. 2005. *Mahar, Buddhist and Dalit*. New Delhi: Manohar.

Berreman, Gerald D. 1963. *Hindus of Himalayas: Ethnography and Change*. Berkeley: University of California Press.

———. 1991. 'The Brahamanical View of Caste', in Dipankar Gupta (ed.), *Social Stratification,* pp. 87–8. New Delhi: Oxford University Press. (First published in *Contributions to Indian Sociology* (n.s.), 5(1): 16–25).

Béteille, André. 1970. 'Caste and Political Group Formation inTamilnad', in Rajni Kothari (ed.), *Caste in Indian Politics*. Hyderabad: Orient Longman.

———.1971/1996.*Caste Class and Power:Changing Patterns of Stratification in Tanjore Village*. New Delhi: Oxford University Press.

———. 1986.'Individualism and Equality', *Current Anthropology*, 27(2): 121–34.

———. 2000. 'The Scheduled Castes: An Inter-regional Perspective', *Journal of Indian School of Political Economy*, 12(3–4): 367–80.

Bouglé, C. 1958.'The Essence and Reality of Caste System', *Contributions to Indian Sociology*, II(1): 7–30.

———. 1971. *Essays on the Caste System*. Cambridge: Cambridge University Press.

Bourdieu, Pierre. 1986. 'The Forms of Capital', in John G. Richardson (ed.), *Handbook of Theory and Research for the Sociology of Education*, pp. 241–58. New York: Greenwood Press.

Burghart, R. 1978.'Hierarchical Models of the Hindu Social System', *Man*, New Series, 13(4): 519–36.

Charsley, Simon R. 1996. '"Untouchable": What is in a Name?', *Journal of the Royal Anthropological Institute* (n.s.) 2(1): 1–23.

Charsley, S.R. and G.K. Karnath. 1998. *Challenging Untouchability: Dalit Initiative and Experience from Karnataka*. New Delhi: Sage Publications.

Cohn, B.S. 1968. 'Notes on the History of the Study of Indian Society and Culture', in Milton Singer and B.S. Cohn (eds), *Structure and Change in Indian Society*, pp. 3–28. New York: Aldine Publishing Co.

———. 1987. *An Anthropologist among Historians and Other Essays.* Delhi: Oxford University Press.

———. 1996. *Colonialism and Its Forms of Knowledge: The British in India*. Princeton: Princeton University Press.

D'Souza, Victor S. 1967. 'Caste and Class: A Reinterpretation', *Journal of Asian and African Studies*, 2(1): 192–211.

Das,Veena and J.P.S. Uberoi. 1971. 'The Elementary Structures of Caste', *Contributions to Indian Sociology* (n.s.), 5: 33–43.

Dasgupta, B. (ed.) 1978. *Village Studies in the Third World.* Delhi : Hindustan.

Dasgupta P.D. and S.K. Thorat. 2009. 'Will India's Attainment of MDGs be an Inclusive Process?', *IIDS Working Paper Series*, 3(2), Indian Institute of Dalit Studies, New Delhi.

Deliège, Robert. 1993. 'The Myth of Origin of the Indian Untouchables', *Man*, New Series, 28(3): 53–49.

———. 1999. *The Untouchables of India*. New York: Berg Publishers.

Deshpande, Ashwini. 2011. *The Grammar of Caste: Economic Discrimination in Contemporary India*. New Delhi: Oxford University Press.

Deshpande, S. 2003. *Contemporary India: A Sociological View*. New Delhi : Penguin.

Dirks, N. 1989. 'The Original Caste: Power, History and Hierarchy in South Asia', *Contributions to Indian Sociology,* 23(1): 59–77.

———. 2001. *Castes of Mind: Colonialism and the Making of Modern India*. Princeton: Princeton University Press.

Djurfeldt, G. and S. Lindberg. 1975. *Behind Poverty: The Social Formation of a Tamil Village*. London: Curzon Press.

Dua, V. 1970. 'Social Organization of the Arya Samaj: A Study of Two Local Arya Centres in Jullundur', *Sociological Bulletin*, 19(1): 32–50.

Dube, S.C. 1955. *Indian Village.* London: Routledge and Kegan Paul.

———. 1955/1960. 'A Deccan Village', in M.N. Srinivas (ed.), *India's Village.* London: Asia Publishing House.

Dumont, L. 1998. *Homo Hierarchicus: The Caste System and Its Implications*. Delhi: Oxford India Paperbacks (first published in 1970).

Frankel, F. and M.S.A. Rao (eds). 1989. *Dominance and State Power in Modern India: Decline of a Social Order*. Delhi: Oxford University Press (Volume I).

———. 1990. *Dominance and State Power in Modern India: Decline of a Social Order*. Delhi: Oxford University Press (Volume II).

Fuller, C.J. 1977. 'British India or Traditional India? An Anthropological Problem', *Ethnos,* 3(4): 95–121.

———. 1984. *Servants of the Goddess: The Priests of a South Indian Village*. Cambridge: Cambridge University Press. Galanter, Marc. 1984. *Competing Equalities: Law and the Backward Classes in India*. Delhi: Oxford University Press.

Gerth, H. and C.Wright Mills. 1948. *From Max Weber: Essays in Sociology*. London: Routledge and Kegan Paul.

Ghuman, Paul. 2011. *British Untouchables: A Study of Dalit Identity and Education*. Burlington: Ashgate.

Ghurye, G.S. 1932. *Caste and Race in India*. London: Kegan Paul.

Gooptu, Nandini. 2001. *The Politics of the Urban Poor in Early Twentieth Century*. Cambridge: Cambridge University Press.

Gorringe, Hugo. 2005. *Untouchable Citizens*. New Delhi: Sage Publications.

Gupta, Dipankar. 1981. 'Caste Infrastructure and Superstructure', *Economic and Political Weekly,* 16 December: 2093–104.

———. 1984. 'Continuous Hierarchies and Discrete Castes', *Economic and Political Weekly*, XIX(46): 1955–8.

———. 2000. *Interrogating Caste: Understanding Hierarchy and Difference in Indian Society*. Delhi : Penguin Books.

Habib, I. 1963. *Agrarian Systems of Mughal India*. Bombay : Asia Publishers.

Hardgrave, R.L. 1969. *The Nadars of Tamilnad: The Political Culture of a Community in Change*. Berkley: University of California Press.

Hardtmann, Eva-Maria. 2009. *The Dalit Movements in India: Local Practices, Global Connections*. Delhi : Oxford University Press.

Hiebert, P.G. 1971. *Konduru : Structure and Integration in a South IndianVillage*. Minneapolis: University of Minnesota Press.

Hutton, J.H. 1946. *Caste in India*. Cambridge : Cambridge University Press.

Inden, Ronald. 1990. *Imagining India*. Oxford : Blackwell.

Inkeles, A. and D.H. Smith. 1974. *Becoming Modern—Individual Change in Six Developing Countries*. Cambridge : Harvard University Press.

Irschick, Eugene. 1969. *Politics and Social Conflict in South India: The Non-Brahmin Movement and Tamil Separation 1916–29*. Berkley: University of California Press.

Jaffrelot, C. 2000. 'The Rise of the Other Backward Classes in the Hindi Belt', *The Journal of Asian Studies*, 59(1): 86–108.

———. 2003. *India's Silent Revolution: The Rise of Low Castes in North Indian Politics*. Delhi: Permanent Black.

———. 2004. *Dr. Ambedkar and Untouchability: Analyzing and Fighting Caste*. Delhi: Orient Longman.

———. 2009. 'Dr. Ambedkar's Strategies against Untouchability and the Caste System, *IIDS Working Paper*, 3(4), Indian Institute of Dalit Studies, New Delhi.

Jayal, Niraja Gopal (ed.). 2001. *Democracy in India*. New Delhi: Oxford University Press.

Jodhka, S.S. (ed.). 2001. *Community and Identities: Contempo- rary Discourses on Culture and Politics in India*. New Delhi: Sage Publications.

———.2002a.'Caste and Untouchability in Rural Punjab', *Economic and Political Weekly*, 37(19): 1813–23.

———. 2002b. 'Nation and Village: Images of Rural India in Gandhi, Nehru and Ambedkar', *Economic and Political Weekly*, 37(32): 3343–54.

———.2006. 'Beyond "Crises" : Rethinking Contemporary Punjab Agriculture', *Economic and Political Weekly*, XLI(16): 1530–7.

———. 2009.'The Ravi Dasis of Punjab: Global Contours of Caste and Religious Strife', *Economic and Political Weekly*, XLIV(24): 79–85.

Jodhka, S.S. 2010. 'Dalits in Business: Self-employed Scheduled Castes in North-west India', *Economic and Political Weekly,* 45(11): 41–8.

Jodhka S.S. and Prakash Louis. 2003. 'Caste Tensions in Punjab:Talhan and Beyond', *Economic and Political Weekly*, XXXVIII(28): 2923–6.

Jodhka, S.S. and Katherine Newman. 2007.'In the Name of Globalisation: Meritocracy, Productivity and the Hidden Language of Caste', *Economic and Political Weekly*, 42(41): 4125–32.

Joshi, Barbara R. 1977. 'The Buddhist Movement of Western Uttar Pradesh', Mimeo.

———. 1982.'Whose Law,Whose Order:"Untouchables", Social Violence, and the State in India', *Asian Survey*, 22(7): 676–87.

———. 1986. *Untouchable! Voices of the Dalit Liberation Movement*. London: Zed Books.

Juergensmeyer, M. 1988. *Religious Rebels in the Punjab: The Social Vision of Untouchables*. Delhi: Ajanta Publications.

Karanth, G.K. 1996. 'Caste in Contemporary Rural India', in M.N. Srinivas (ed.), *Caste: Its Twentieth Century Avatar*, pp. 87–109. New Delhi: Penguin.

Khare, R.S. (ed.). 2006 *Caste, Hierarchy and Individualism: Indian Critiques of Louis Dumont's Contributions*. New Delhi: Oxford University Press.

Kothari, Rajni. 1970. *Caste in Indian Politics*. Hyderabad: Orient Longman.

Krishna, Anirudh. 2001. 'What is Happening to Caste? A View from Some North Indian Villages', Terry Sanford Institute of Public Policy Working Paper SAN01-04, Duke.

Lele, Jayant (ed.). 1981. *Tradition and Modernity in Bhakti Movements*. Leiden: EJ Brill.

Lorenzen, David N. 1987. 'Tradition of Non-caste Hinduism: Kabir Panth', *Contributions to Indian Sociology*, 21(2): 263–83.

Lynch, O. 1969. *The Politics of Untouchability: Social Mobility and Social Change in a City of India*. New York: Columbia University Press.

Majumdar, D.N. 1958. *Caste and Communication in an Indian Village*. Bombay: Asia Publishing House.

Manor, James. 2010. 'Prologue: Caste and Politics in Recent Times', in Rajni Kothari (ed.), *Caste in Indian Politics* (Second Edition), pp. xi–lxi. Hyderabad: Orient Blackswan.

Marx, Karl. 1853. 'The British Rule in India', *The New York Herald Tribune*, 10 June 1853. Available at http://www.marxists.org/archive/marx/works/1853/06/25.htm, accessed on 21 December 2011.

Mencher, J.P. 1974.'The Caste System Upside Down or the Not-So-Mysterious East', *Current Anthropology*, 15(4): 469–93.

Mendelsohn, O. 1993. 'The Transformation of Authority in Rural India', *Modern Asian Studies*, 15(4): 805–42.

Mendelsohn, O. and M. Vicziany. 2000. *The Untouchables: Subordination, Poverty and the State in Modern India*. Cambridge: Cambridge University Press.

Moffat, M. 1979. *An Untouchable Community in South India*. Princeton: Princeton University Press.

Mohanty, M. 2007. 'Kilvenmani, Karamchedu to Khairlanji: Why Atrocities on Dalits Persist?'Available at www.Boell-India.Org/Download_En/Mohanty_Amrita_Corrected. Pdf, accessed on 9 November 2009.

Moore, B. Jr. 1966. *Social Origins of Dictatorship and Democracy: Lord and Peasant in the Making of the Modern World*. Middlesex: Penguin Books.

Munshi, Kaivan. 2007. 'The Birth of a Business Community: Tracing Occupational Migration in a Developing Economy'. Available at www.econ.brown.edu/fac/

Kaivan_Munshi/ diamond10.pdf, accessed on 10 November 2008.

Neale, W. 1962. *Economic Change in Rural India: Land Tenure and Reform in Uttar Pradesh, 1800–1955*. New Haven: Yale University Press.

Nehru, Jawaharlal. 1946/1992. *The Discovery of India*. Delhi: Oxford University Press.

Omvedt, Gail. 1976. *Cultural Revolt in a Colonial Society: The Non-Brahmin Movement in Western India—1873 to 1930*. Bombay: Scientific Socialist Education Trust.

Omvedt, Gail. 1994. *Dalits and the Democratic Revolution: Dr. Ambedkar and the Dalit Movement in Colonial India*. New Delhi: Sage Publications.

———. 1995. *Dalit Visions: The Anti-caste Movement and the Construction of an Indian Identity*. New Hyderabad: Orient Longman Ltd.

Omvedt, Gail. 2008. *Seeking Begumpura: The Social Vision of Anti-caste Intellectuals*. New Delhi: Navayana.

Pai, Sudha. 2002. *Dalit Assertion and the Unfinished Democratic Revolution: The Bahujan Samaj Party in Uttar Pradesh*. New Delhi: Sage Publications.

Palshikar, Suhas. 2004. 'Revisiting State Level Politics', *Economic and Political Weekly*, XXXIX(14–15): 1477–80.

Pandian, M.S.S. 1996. 'Towards National-Popular: Notes on Self-Respecters Tamil', *Economic and Political Weekly*, 31(51): 3323–9.

Pimpley P.N. and S.K. Sharma. 1985. ' "De-Sanskritization" of Untouchables: Arya Samaj Movement in Punjab', in

P.N. Pimpley and S.K. Sharma (eds), *Struggle for Status*, pp. 86–101. Delhi: B.R. Publishing Corporation.

Planning Commission. 2008. *Eleventh Five Year Plan*, Volume 1. Available at http://planningcommission.nic. in/plans/

planrel/fiveyr/11th/11_v1/11th_vol1.pdf, accessed on 20 October 2009.

Putnam, Robert D. 1993. *Making Democracy Work: Civic Traditions in Modern Italy*. Princeton: Princeton University Press.

Quigley, D. 1993. *The Interpretations of Caste*. Delhi: Oxford University Press.

Raheja, Gloria G. 1989.'Centrality, Mutuality and Hierarchy: Shifting Aspects of Inter-caste Relationships in North India', *Contributions to Indian Sociology* (n.s.), 23(1): 79–101.

Rao, M.S.A. 1979. *Social Movements and Social Transformation: A Study of Two Backward Class Movements in India*. New Delhi, Macmillan Press.

Rudolph, Lloyd I. and Susanne H. Rudolph. 1967/1999. *The Modernity of Tradition: Political Development in India*. Hyderabad: Orient Longman Limited.

Rutten, Mario. 2003. *Rural Capitalists in Asia:A Comparative Analysis on India, Indonesia, and Malaysia.* London: Routledge. Saberwal S. 1976. *Mobile Men: Limits to Social Change in Urban India*. New Delhi:Vikas Publishing House.

Sahay, Gaurang R. 2004. 'Hierarchy, Difference and the Caste System: A Study of Rural Bihar', *Contributions to Indian Sociology* (n.s.), 23(1&2): 113–36.

Shah, Ghanshyam. 1975. *Caste Associations and Political Process in Gujarat: A Study of Gujarat Kshatriya Sabha*. Bombay: Popular Prakashan.

———. 2000. 'Hope and Despair: A Study of Untouchability and Atrocities in Gujarat', *Journal of Indian School of Political Economy*, XII(3–4): 459–72.

———. 2001. 'Dalit Movements and Search for Identity', in G. Shah (ed.), *Dalit Identity and Politics*. New Delhi: Sage Publications.

Shah, Ghanshyam (ed.). 2002. *Caste and Democratic Politics in India*. Delhi: Permanent Black.

———. 2004. *Social Movements in India: A Review of the Literature*. New Delhi: Sage Publications.

Shah, Ghanshyam, Harsh Mander, Sukhadeo Thorat, Satish Deshpande, and Amita Baviskar. 2006. *Untouchability in Rural India*. New Delhi: Sage Publications.

Sharma, Satish Kumar. 1985. *Social Movements and Social Change: Study of Arya Samaj and Untouchables in Punjab*. Delhi: B.R. Publications.

———. (ed.). 1987. *Reform Protest and Social Transformation*. New Delhi: Ashish Publishing House.

Sharma, Ursula. 2002. *Caste*. New Delhi: Viva Books Private Limited.

Srinivas, M.N. (ed.) (1955) *India's Villages*. London: Asia Publishing House.

———. 1959.'The Dominant Caste in Rampura', *American Anthropologist,* 61: 1–16.

———. 1962. *Caste in Modern India and Other Essays*. Bombay: Media Promoter and Publishers.

———. 1966. *Social Change in Modern India*. Berkley: University of California Press.

———. 1968. 'Mobility in the Caste System', in Milton Singer and Bernard S. Cohn (eds), *Structure and Change in Indian Society*. New York: Aldine.

———. 1972. *Social Change in Modern India*. Berkeley: University of California Press.

Srinivas, M.N. 1976. *The Remembered Village*. Delhi: Oxford University Press.

——— (ed.). 1996. *Caste: Its Twentieth-century Avatar*. New Delhi: Viking.

Stern, R.W. 2001. *Democracy and Dictatorship in South Asia: Dominant Classes and Political Outcomes in India, Pakistan, and Bangladesh*. Cambridge: Cambridge University Press. Tandon, Praksh (1961) *Punjabi Century 1857–1947*. New

York: Harcourt, Brace and World.

Thapar, Romila. 1975. *The Past and Prejudice*. New Delhi: National Book Trust.

Throat, Sukhadeo. 2009. *Dalits in India: Search for a Common Destiny*. New Delhi: Sage Publications.

Thorat, Sukhadeo and Chittaranjan Senapati. 2006. 'Reservation Policy in India—Dimensions and Issues', *IIDS Working Paper Series*, I(2), Indian Institute of Dalit Studies, New Delhi.

Thorner, D. 1956.*The Agrarian Prospects in India*. Delhi: Uni- versity Press.

Wilkinson,T.S. and M.M.Thomas (eds). 1972. *Ambedkar and the Neo-Buddhist Movement.* Madras: Christian Literary Society.

Wiser,W.H. 1936/1969. *The Hindu Jajmani System.* Lucknow: Lucknow Publishing House.

World Bank. 2011a. *Perspectives on Poverty in India: Stylized Facts from Survey Data*. Washington DC: The World Bank.

World Bank. 2011b. *Poverty and Social Exclusion in India*.

Washington DC:The World Bank.

Yadav, Y. 1999. 'Electoral Politics in the Time of Change: India's Third Electoral System, 1989–99', *Economic and Political Weekly*, 34(34–5): 2393–9.

Zelliot, E. 1970. 'Learning the Use of Political Means: The Mahars of Maharashtra', in R. Kothari (ed.), *Caste in Indian Politics*. New Delhi: Orient Longman.

———. 1977. 'The Psychological Dimension of the Buddhist Movement in India', in G.A. Oddie (ed.), *Religion in South Asia: Religious Conversions and Revival Movements in South Asia in Medieval and Modern Times*. London: Curzon Press.

———. 2001. *From Untouchable to Dalit : Essays on the Ambedkar Movement.* New Delhi: Manohar (Third Edition).